DOMAINE FRANÇAIS
Ouvrage édité sous la direction
de Bertrand Py

SILEX

LA TOMBE DU CHASSEUR

DU MÊME AUTEUR

LA MER EST RONDE, poème, Le Cormier, 1987.
DESTINS NOMADES, poèmes, L'Arbre à paroles, 1995.
LA PIERRE DE SOI, proses, Entente, 1996.
L'ÎLE FATALE (IRLANDE), voyage (en collaboration avec Jean-Michel Bertrand), Barthélemy, 1997.

ISBN 2-7427-2414-1

DANIEL DE BRUYCKER

SILEX

LA TOMBE DU CHASSEUR

roman

1999

ACTES SUD
HUBERT NYSSEN ÉDITEUR

A Chantal, l'instigatrice de presque chaque mot de ce récit – je ne suis vraiment l'auteur que des silences.

Remerciements à Martine Rousseau
et Catherine Goussev.

Après le mercredi des cendres
Je n'ai pas cueilli les rameaux
Et je suis resté sur la route
Avec le peuple du désastre

HENRY BAUCHAU

NOTE DE LA RÉDACTION

L'allure, très inhabituelle dans les pages d'une revue académique, du texte qu'on découvrira ci-dessous mérite un mot d'explication.

Le 10 juillet 1985, l'explosion en plein ciel, au-dessus du désert de Kyzyl Kum, du vol Aeroflot reliant Karshi à Moscou, mettait un terme prématuré à la vie et à la carrière scientifique de trois jeunes chercheurs de l'Académie des sciences de Leningrad, au retour d'une difficile campagne de fouilles archéologiques en Asie centrale. Daniel Andreïevitch Izdolchtchikov (34 ans, paléo-anthropologue, versé dans le Paléolithique chinois et touranien), Vera Petrovna Khabarova (35 ans, biologiste et paléontologue) et Oleg Pavlovitch Zmietline (30 ans, palynologue et spécialiste de la flore du Turkestan ancien) rentraient des steppes d'Asie centrale soviétique, où ils avaient consacré près de quatre mois à la mise au jour d'une importante sépulture paléolithique.

Encore sous le coup de l'émotion (D. A. Izdolchtchikov, naguère notre élève, était devenu notre ami et un collaborateur régulier de ces colonnes), nous n'avions alors évoqué que brièvement ce tragique accident, nous réservant, selon la vocation scientifique de notre revue, de rendre à nos trois jeunes confrères un meilleur hommage à travers la publication posthume de leurs travaux d'après les documents constituant l'enregistrement des fouilles – documentation heureusement transmise par voie séparée à l'Académie des sciences, où elle était en cours d'édition.

Ce vœu de mémoire, le sort veut aujourd'hui que nous ne puissions l'accomplir. En effet, parmi les quelque quatre millions d'ouvrages et documents détruits ou gravement endommagés lors du tragique incendie qui ravagea la bibliothèque de l'Académie des sciences le 15 février 1988, figuraient l'essentiel du journal de fouilles (notamment les irremplaçables relevés stratigraphiques) ainsi que la plupart des notes, croquis et clichés ramenés par les trois chercheurs.

Ironie du sort, D. A. Izdolchtchikov, dans un compte rendu critique publié naguère ici même, insistait, "puisque mettre un site au jour revient hélas à le saccager", sur le rôle essentiel de la publication des fouilles, "seule trace dans la mémoire d'un original irrémédiablement dévasté" ; d'où l'exigence "d'un texte clair, de plans nombreux et lisibles et d'un enregistrement complet et impartial". C'est là précisément ce qui nous fait désormais défaut au sujet de ses propres recherches, interdisant toute présentation scientifique des travaux menés sur ce site.

Ne voulant toutefois renoncer, malgré ce nouveau revers, à saluer le souvenir de nos trois jeunes confrères, nous avons dès lors souhaité publier le seul écrit subsistant au sujet de ces fouilles – à savoir le journal personnel tenu au jour le jour par D. A. Izdolchtchikov, document qui, vu sa teneur privée, avait été disjoint du dossier et remis à la famille du disparu. Nous remercions celle-ci de nous avoir aimablement autorisés à le reproduire ici *in extenso*, en guise d'hommage fraternel à l'œuvre de l'équipe tout entière et en témoignage de l'émotion suscitée par la brutale disparition de ses trois membres.

Plutôt que de surcharger ce texte personnel, voire parfois très subjectif, de notes et références d'ordre technique, nous résumons ci-dessous les données essentielles quant au site fouillé par les trois archéologues.

Celui-ci était localisé au lieu-dit Awçydere (pron. *Avdjedéré*), à 1200 m d'altitude au pied des monts Babatag, dans la moyenne vallée d'un petit affluent de droite de la rivière Kafirnigan, tributaire de l'Amu-Darya, environ 80 km au sud-ouest de Kurgan-Tyube (RSS du Tadjikistan). Pour des raisons logistiques, les chercheurs et leur matériel avaient toutefois été acheminés, plutôt que par cette dernière ville, via l'aéroport de Karshi et la ville frontière de Termez (Uzbekistan), plus distante mais d'accès moins malaisé.

La sépulture avait pu être datée dès avant son ouverture grâce à un vestige de foyer découvert lors de la reconnaissance du site au printemps 1984. Les mesures effectuées sur ce matériau indiquèrent une ancienneté de 48 000 ans (+1300/–1100) BP, corroborée depuis lors par la présence d'un squelette néandertalien associé à une industrie de type moustérien.

L'originalité de la sépulture (un cas unique au Paléolithique moyen) tenait à sa situation en terrain découvert. En cela, elle apportait un premier élément de réponse quant à la forte proportion des sépultures d'enfants (mais aussi, ce qui n'a guère été relevé, de femmes et de vieillards[1]) parmi les sites moustériens exhumés à ce jour, tous dans des grottes ou des abris sous roche[2]. Sur ce point qui a intrigué les préhistoriens, le site d'Awçydere confortait ce qui n'était jusqu'alors qu'une hypothèse de travail, à savoir que les mâles adultes, peut-être en vertu de leur statut de chasseurs, pouvaient être inhumés à l'écart de l'habitat, selon un rite distinct[3].

De l'implantation de la sépulture en plein air découlait probablement sa structure très développée. Les techniques décrites ne sont pas

1. L'ensemble des dépouilles identifiables se répartit comme suit : 2 fœtus, 16 enfants (la plupart en bas âge) et 16 adultes ; quant à ces derniers, lorsque l'âge et le sexe ont pu être établis, on trouve cinq femmes (âgées de 18 à 35 ans) pour trois hommes : un infirme de 40 ans et deux "vieillards" de 45. On voit bien qu'à une collectivité formée sur ces bases manquerait le groupe – crucial pour une population vivant de la chasse – des mâles dans la force de l'âge.

2. On notera que la sépulture d'Awçydere n'a dû sa découverte qu'à une disposition exceptionnellement propice du terrain : si les reliefs entourant le site n'avaient induit en ce point de la vallée une espèce de couloir de soufflerie naturel, empêchant l'accumulation de sédiments éoliens, la tombe, plutôt qu'à fleur de terre, se serait trouvée enfouie, comme en d'autres sites du Turkestan, sous une couche de lœss de 10 à 15 m d'épaisseur.

3. Accessoirement, cette sépulture détachée de tout site d'occupation militait contre l'interprétation fréquente des vestiges trouvés auprès d'autres tombes néandertaliennes comme des traces d'habitat plutôt que du mobilier spécifiquement funéraire ou rituel. Dans ce contexte, même la fosse d'accompagnement exhumée à Awçydere (et où D. A. Izdolchtchikov, par scrupule, se borne à voir une fosse à détritus) jette un jour nouveau sur la vocation, pratique ou rituelle, de la structure très analogue découverte à l'entrée de la grotte de la Chapelle-aux-Saints, en France.

originales, mais prenaient ici une ampleur inusitée : c'est le cas de la fosse, plus profonde que dans les sépultures abritées, et aussi de la couverture de la tombe par un amas de blocs de pierre agencés en tumulus (comme, à une échelle bien moindre, dans la grotte du Regourdou, en France). L'aménagement autour de la fosse d'une aire funéraire, incluse sous l'amas de pierres, n'est pas non plus sans rappeler l'ensemble de fosses et de monticules de terre (trop souvent interprétés comme des "réserves", voire des "caches d'armes") jouxtant la sépulture 5 de La Ferrassie.

Que ce luxe de précautions ait, à Awçydere, atteint son objectif, était attesté à la fois par l'abondance du mobilier funéraire – sans rien de très neuf toutefois par rapport aux sépultures déjà connues, notamment celles de Shanidar IV et VI (Kurdistan iranien) et surtout de Teshik-Tash (Uzbekistan) – et par l'excellent état de conservation du squelette, celui d'un homme adulte, de sexe mâle, couché sur le flanc gauche, la tête orientée au nord.

Les fouilles, entamées dès le mois de mars 1985, se poursuivirent jusqu'au début juillet.

E. V. OSSIPENKO

I

Jeudi 21 mars

Arrivée sur le site vers dix heures. Je retrouve ce coin de steppe exactement tel que nous l'avons quitté après les premiers repérages, à la même époque de l'an dernier. (Il faisait plus froid, toutefois – ou était-ce de ne pouvoir rester qui nous glaçait de la sorte ?) Même arrière-plan de cimes encore enneigées, même décor de collines basses couronnées de boqueteaux de pins, même teinte gris-mauve de la végétation chétive sur le haut des pentes caillouteuses, se fondant dans les herbages plus drus du creux du vallon jusqu'à rejoindre les roselières qui soulignent le cours entortillé de la rivière, pointé çà et là par la masse sombre d'un mûrier noir ou d'un grenadier… Rien ici n'a changé ; seul, à ma vive honte, notre trou à ordures, visité par les renards ou les loups des steppes, a semé une partie de son contenu parmi le rose des fleurs printanières – épiaires au cœur d'or et hampes de bergenia.

Mouchetée d'un blanc presque virginal par des touffes de rhubarbe, la sépulture aussi nous a attendus, intacte, muette sur sa terrasse dominant un méandre du cours d'eau. Pour elle, ici, comme pour nous, absorbés là-bas par tous nos préparatifs, ces douze mois semblent n'avoir passé qu'en un rêve.

La mise à jour des relevés topographiques nous réserve toutefois une nouvelle inquiétante : les crues du dégel ont entamé la berge sur près d'un mètre depuis l'an dernier, léchant désormais la base même du tertre ; quant au vestige de foyer qui affleurait naguère au flanc du talus, il a disparu, éparpillé au fil du courant. Impression, trompeuse peut-être mais saisissante, d'arriver à point nommé, à l'heure où la lente reptation des méandres s'apprêtait à ruiner cette tombe, tel un îlot épargné jusqu'ici par le cours capricieux du temps.

On voudrait saisir les pelles et attaquer le déblaiement de la sépulture sans plus tarder ; mais elle et nous devrons patienter encore un peu, le temps de décharger le camion qui attend de repartir pour Termez, puis de commencer à dresser tentes et auvents – abris bizarrement provisoires, ici où tout est si ancien et définitif à la fois.

Ces préliminaires nous prennent le reste de la journée : je ne reviens qu'en fin d'après-midi hanter les abords de la sépulture. L'impatience de ce matin s'est déjà dissipée ; dans le vent glacé du soir, la tombe semble presque désireuse qu'on l'oublie après tout.

Ni stèle ni signes, sinon la trace
qu'ici on a creusée ; c'est donc ici
qu'il faut recommencer.

Le tertre à peine marqué,
moins comme l'ajout de quelque chose
qu'un affaissement de tout le reste autour.

La rive n'est plus où elle était alors :
seul indice, le temps jeté
comme une dépouille depuis le bord,
son ventre lesté de grosses pierres.

Vendredi 22 mars

Toute la journée encore nous continuons à déballer, assembler, installer – non sans saisir le moindre prétexte pour aller rôder autour de la sépulture, délaissant pour un instant nos tâches d'intendance. "On croirait, glisse Vera Petrovna, la piétaille dressant le camp avant l'arrivée de quelque dignitaire !" Elle n'a pas entièrement tort, sauf que le "dignitaire", pour cette fois, nous a précédés de quelques dizaines de milliers d'années…

Temps glacial et couvert jusqu'en milieu de matinée, puis un léger vent d'est montant de la vallée rabat les nuages vers les hauteurs et un franc soleil de printemps réchauffe l'atmosphère jusqu'en fin d'après-midi. Ce soir, le vent tourne au nord et forcit, faisant claquer les bâches et les toiles des tentes ; mais je demeure insensible au fameux effroi face à la steppe vague, à ses grands bruits d'herbes agitées par les rafales, à son immensité déserte et inquiète à la fois : moi qui, certains soirs à Leningrad, m'imagine avec angoisse le vaste marécage qu'il y eut là jadis, ici je me rassure, me sens en terre amie, présent et accordé à chaque ton du paysage.

Dès ce premier jour, notre botaniste, Oleg Pavlovitch, tout en s'activant aux travaux les plus lourds de notre installation, prend spontanément son tour de rôle pour la collecte du bois et la préparation du repas. Vera semble avoir choisi là une parfaite recrue, dont la vigueur et l'énergie physique nous viennent déjà à point – comme du temps où les généraux des tsars allaient recruter, dans la même province de Tobolsk d'où Oleg est originaire, des hommes “plutôt mornes et renfermés, mais rompus depuis l'enfance à toutes sortes d'adversités” ! En même temps, à mesure que fond sa timidité des premiers jours à Karshi, je découvre chez notre compagnon une charmante camaraderie et un humour caustique mais très plaisant.

Ce qui m'inquiète encore (mais sans doute cela s'arrangera peu à peu) est sa gêne manifeste vis-à-vis de Vera, décontenancé peut-être – comme moi-même jadis sur les bancs de la faculté – par l'étonnant contraste entre la douceur de ses gestes, son visage poupin et son physique rondelet de matriochka, et le tranchant de sa voix, l'acuité de ses remarques, son goût de l'exactitude en toutes choses.

Intellectuellement, du moins, l'un et l'autre – Vera Petrovna par sa rigueur, Oleg Pavlovitch par son tempérament posé – feront un utile garde-fou contre les hypothèses trop hardies que ne manquera pas de nous suggérer à tous trois la fouille d'un site si peu ordinaire : la première sépulture moustérienne implantée à ciel ouvert, plutôt que sous un auvent de roche.

Les moustiques n'étant guère à craindre à cette altitude, nous avons choisi d'établir notre campement sur un affleurement sablonneux un peu à l'écart de la rivière, une trentaine de mètres en aval à l'est du tumulus : les trois tentes-dortoirs et la cantine d'un côté, tout le reste (la vaste tente-atelier et les auvents destinés au matériel scientifique) un peu en contrebas.

Vers le soir, notre domaine a pris forme, quoique gardant l'aspect d'un agrégat bien hasardeux, à deux pas de cela – cette capsule assez parfaite pour avoir traversé sans dommage apparent près d'un demi-millier de siècles jusqu'à nous !

Nervosité de fiancés à l'heure du coucher : demain, nous commençons…

Haie d'honneur des pins, des collines,
tapis de fleurs, dais de ciel bleu,
lente procession du cours d'eau,
roue de paon du soleil…

Mais hier aussi, et avant hier,
tout ceci était là, en bienvenue déjà…
Tant pis : j'en accepte l'hommage,
même offert pour un autre que moi !

Samedi 23 mars

Même temps qu'hier, en plus venteux. La matinée se passe encore à sortir de leurs cantines outils et instruments. Tous sont neufs, prêts à servir pour la première fois. Impression contagieuse : à chaque caisse qui s'ouvre, à chaque housse que l'on délace, c'est comme une enveloppe en soi qui tombe.

Sondages exploratoires du côté ouest, puis nord, révélant une structure plus complexe que prévu. Sous un peu plus d'un mètre d'humus et de lœss récents – on distingue nettement à sa couleur, sous le dépôt holocène, la strate glaciaire de Würm II –, la sonde bute à plusieurs reprises sur une couverture de roches. A la troisième tentative, nous trouvons un interstice pour traverser celle-ci, que suit encore, sur une douzaine de centimètres, un lœss plus ancien, très perturbé – sans doute un remblayage – avant de retrouver le sol naturel, déroulé en minces couches de sédiments éoliens ou alluviaux au fil des épisodes steppiques ou glaciaires.

Une première estimation livre le chiffre impressionnant de cent à cent vingt mètres cubes de sols à déplacer, pour la superstructure uniquement : quelque part sous cet amoncellement de sable, de terre et de rochers, nous devrions trouver la fosse funéraire proprement dite, qu'il restera alors à déblayer.

Du moins le sous-sol semble plus sec qu'on n'osait l'espérer. Nous n'aurons pas à craindre d'infiltrations en provenance de la rivière, endiguée en profondeur par un épais bourrelet d'argile imperméable qui forme la rive actuelle jusqu'à près d'un mètre au-dessus du niveau du cours d'eau.

Tard dans la matinée enfin, c'est le premier coup de pelle sur le tertre, salué par une rasade d'alcool passé à la ronde – sans effet décelable : une autre ivresse déjà nous tient. Puis on va manger, distraitement et parlant fort.

Après midi, l'excavation reprend et se poursuit jusqu'au soir, progressant rapidement à travers des dépôts récents. Un mois à peine après le dégel, le sol, sec en surface, devient rapidement spongieux et suintant, humus détrempé avec presque une odeur de viande fraîche.

Repoussant à l'écart
sable des ans, tourbe de siècles,
humus et graviers tassés par l'oubli,

on creuse,
en bouche un goût de terre
exhumé du plus profond de soi ;

et à mesure que l'on s'enfonce
moins une ouverture
qu'un enfermement.

Dimanche 24 mars

Au lever, dans l'air glacé du matin, le site me frappe soudain par son aspect odieux : hier encore pareil à un coussin de mariée, le tertre aujourd'hui éventré, balafré d'une étroite tranchée noirâtre, évoque distinctement un viol.

Plutôt que d'y retourner de suite, je me porte volontaire pour aller ramasser du bois mort sous les pins du versant nord de la vallée puis cuisiner notre frichti, laissant se dissiper la funeste impression. Lorsque je reviens sur le chantier, après midi, la trouée ouverte par nos bêches a pris la forme moins brutalement suggestive d'un cratère, apaisant un peu mon malaise. Cet épisode ne m'en a pas moins ôté toute envie d'écrire un poème ce soir !

Oleg Pavlovitch nous apprend, assez ému, qu'une petite gentiane recueillie sur la couverture de la tombe, et qui ne semble pas pousser ailleurs aux alentours, appartiendrait à une variété non décrite à ce jour. Il en a repiqué trois plants dans un carré ménagé à l'arrière de sa tente et compte faire enregistrer sa trouvaille, si elle apparaît inédite, sous le nom de *memorialis*, qui nous semble à tous fort heureux.

Lundi 25 mars

Le vent est tombé ; beau soleil tout le jour, réchauffant l'atmosphère.

Vers onze heures, instant d'émoi lorsque, d'une pelletée de terre, Oleg Pavlovitch voit tomber avec un bref scintillement doré un minuscule objet qui disparaît aussitôt au fond d'une flaque boueuse. Tous à genoux, nous inspectons l'endroit sans succès – jusqu'à ce qu'Oleg s'avise qu'il devait s'agir de sa propre alliance, que la sueur a fait glisser de son doigt à son insu, et renonce dans le même temps à la récupérer. "Pour ma nouvelle fiancée !" s'écrie-t-il, songeant, par association d'idées avec l'or, aux princesses scythes richement parées qu'il a vu exhumer au nord d'ici, à Pazyryk. Mais notre site, bien sûr, est beaucoup plus ancien, et Vera Petrovna, que cet anachronisme ne peut qu'agacer, fait la moue.

On creuse encore tout le jour, rejetant la terre à l'écart en de grands tas qui s'élèvent bientôt aussi haut que nos tentes et semblent en imiter la forme.

Peu de relevés ou de mesures à mettre au net, aucun vestige à nettoyer et indexer, guère encore de commentaires à partager sur le résultat de nos fouilles : nos soirées jusqu'ici sont longues et tranquilles, passées pour l'essentiel à bavarder autour d'un feu crépitant.

Chaque soir en rejoignant mes deux compagnons, je m'attends à nous voir raviver, Vera et moi, certains souvenirs communs, renouant les liens tendus au fil des années – ou bien chercher à faire mieux connaissance avec Oleg Pavlovitch, presque encore un inconnu pour nous. Mais nos échanges ne s'aventurent à rien d'aussi personnel : propos banals, quoique enjoués, sur des sujets convenus – nous semblons les convives d'un soir chez un ami commun, attendant que celui-ci nous rejoigne pour les présentations. Les moments les mieux partagés sont nos temps de silence, écoutant murmurer la vallée, la rivière, le vent – nous bornant pour le reste, entre nous comme face à la sépulture, à de vagues préliminaires avant d'entrer dans le vif du sujet.

Alentour s'amassent les déblais,
s'étagent les assises ; toujours
il y a plus loin à remonter.

Tout est très long ;
le plus étrange est encore
qu'il faille attendre jusqu'à demain
pour savoir jusqu'à quel point.

Mardi 26 mars

Les jours sont de plus en plus tièdes, l'air de plus en plus pur. Lointains illimités ; tout le proche se rétracte et s'effondre sous une lumière éblouissante.

Visite d'une famille de pasteurs nomades (des Turkmènes, comme le proclament de très loin leurs énormes toques de laine noire) dont le troupeau de karakuls erre dans la steppe à une dizaine de kilomètres d'ici : la fumée d'un feu leur a signalé notre présence. On échange quelques vivres. Contre un peu de sel, de riz, de farine, ils nous cèdent un quartier d'agneau et des laitages frais, auxquels le plus âgé de la bande joint d'autorité, par jeu, une gourde de koumys.

Aucun d'eux ne parle russe, ni nous le turc. Un échange de grands sourires est toute notre conversation – sourires que n'expliquent ni la courtoisie, ni l'issue du troc, mais le seul plaisir de la rencontre, fût-elle muette (sans doute sourirons-nous de même, une fois en vue du but, face à l'hôte inconnu de cette sépulture).

Ils ne sont pas surpris de nous voir creuser ici : pour la tombe, ils savaient, depuis toujours peut-être – mais ce n'est personne de leur clan, alors… Ce qui les intrigue davantage est la raison qui nous amène ici : notre rapport particulier avec ce défunt, cet ancêtre (joli geste du vieil homme, désignant d'une main le site et de l'autre notre groupe, puis nouant ses deux index comme les maillons d'une chaîne). Juste demande, mais que leur dire ? Nous travaillons encore, précisément, à exhumer la réponse.

Dans la soirée, autour du feu de camp, c'est à cette même question que je reviens, brossant pour mes deux compagnons un état de la controverse toujours ouverte quant aux contacts d'*Homo sapiens neandertalensis* – l'homme du Moustérien d'Eurasie et l'auteur probable de cette sépulture – avec son cousin *sapiens sapiens* de Cro-Magnon, notre aïeul paléolithique en ligne directe. Impartialement, je m'applique à rappeler les arguments des uns, pour qui les deux lignées divergent par tant de traits physiques et culturels que l'une n'a pu que repousser l'autre jusqu'à l'éliminer enfin, et l'hypothèse adverse qui, d'après la continuité des cultures depuis le Moustérien jusqu'à la révolution néolithique, suppose un contact plus harmonieux entre les deux souches, voire la "digestion" génétique de la première par la seconde.

"Débat fascinant, m'apprêté-je à conclure, où pour ma part j'incline toutefois…

— … vers mon lit ! me coupe Vera Petrovna en réprimant un bâillement.

— Exhumer les morts, l'approuve Oleg Pavlovitch, passe encore : ça ne les fatigue pas – mais laissons les vivants reposer en paix !"

Sur quoi tous deux vont se coucher…

Frustré de la fin de mon exposé, je me rassure toutefois en songeant que ces journées passées à creuser en plein soleil sont éprouvantes, mais que ni Oleg ni Vera ne sont indifférents pour autant à la question de nos visiteurs. Puis je note encore dans mon calepin ces quelques vers, avant d'aller m'écrouler à mon tour :

Degrés de parenté
entre ici et nous, très loin ailleurs
– entre le Paléolithique et nous, aujourd'hui
– entre eux et nous, si étrangers
et pourtant réunis
par on ne sait quoi de plus étranger encore…

Mercredi 27 mars

Toujours à notre labeur de terrassiers, dans une ambiance de chantier de vacances où le temps, idéal jusqu'ici, est pour beaucoup : l'humidité du sol ménage dans l'excavation une fraîcheur d'où l'on passe avec un plaisir renouvelé à la douce atmosphère de printemps précoce qui baigne le campement jusqu'au coucher du soleil.

Ce midi, à l'aide d'un piquet de tente et d'un carton d'emballage, je confectionne un écriteau à planter auprès du "jardin d'acclimatation" où Oleg Pavlovitch veille sur ses plants de gentiane. Mais mon geste amical tombe à plat : naturalistes l'un et l'autre, mes deux compagnons objectent ensemble à l'inscription "*Gentiana memorialis* Zmietline" et je n'échappe pas – juste revanche, peut-être, pour ma causerie d'hier soir – à une leçon de taxonomie de la part de Vera Petrovna, m'expliquant par le menu pourquoi le nom de l'inventeur ne s'accole à sa découverte que dans le cas d'une *espèce* nouvelle ; or la trouvaille de notre botaniste, si même elle se confirme, ne concerne qu'une simple *variété* de l'espèce *Gentiana sino-ornata* Farrer : il ne me reste donc plus qu'à recommencer mon écriteau…

A part moi, pourtant, je persiste à trouver unique et essentielle la note d'azur intense que la fleur d'Oleg ajoute à l'aspect de notre site, tout comme *Homo neandertalensis*, par rapport à la lignée de Cro-Magnon, nous frappe non seulement par son aspect physique, mais aussi et surtout par une nouvelle façon d'être homme, depuis l'art de tailler un rognon de silex jusqu'aux premières inquiétudes métaphysiques que suggèrent certaines de ses reliques, à commencer par les sépultures.

En début d'après-midi, on atteint çà et là la couverture de grosses pierres de la tombe et, semés parmi elles, les premiers vestiges, éclats de galets ayant servi de cales et esquilles d'os de bouquetin de Sibérie, utilisés peut-être comme pics ou leviers. Bien que l'on puisse à peine parler d'artefacts, l'allure du travail s'en ralentit d'un coup. Chaque fragment, chaque bloc sont tour à tour repérés, dessinés, prudemment délogés puis portés sur les grandes bâches étalées à l'entour, comme les linges autour du champ opératoire.

Déposés sur le fond
– ou ce qui en tient lieu,
venu d'un horizon plus ancien –
la chair et les os de la terre
accumulés sous la durée.

Jeudi 28 mars

Ce matin, première visite du camion de ravitaillement envoyé de Termez avec le reste du matériel, des vivres frais et le courrier. Un peu de temps perdu à lier connaissance avec le chauffeur, un Russe jovial et expansif (plutôt éméché, aussi) qui me rappelle la phrase de Gogol sur "ces gens qui regardent l'univers et tout ce qui s'y passe en se fourrant les doigts dans le nez". Mais j'imagine qu'à raison d'un seul passage par quinzaine nous finirons bientôt par trouver sa compagnie moins pénible que l'isolement où nous serons le reste du temps.

Ma mère m'écrit qu'à Leningrad le thermomètre marque moins quinze, que la Neva regèle entre les glaçons de la débâcle à peine amorcée, que le charbon manque à nouveau... Difficile d'imaginer que là-bas puisse exister en même temps qu'ici – que ce printemps radieux, que cette douce solitude, que ces poèmes qui me viennent presque chaque soir en racontant ma journée.

Clignant des yeux sous le soleil éclatant de midi, je monte avec Vera Petrovna jusqu'à la ligne de pins qui couronne le versant nord du vallon. La vue sur la steppe fleurie est splendide – à condition, feignant d'être ébloui par le scintillement sur les eaux de la rivière, de négliger la note de désordre que jettent notre campement et les cicatrices sombres du sol aux environs.

Devinant ma pensée, Vera observe, à sa manière péremptoire, que celui ou celle qui gît là-bas sous la terre y fut d'abord un intrus comme nous, et sa tombe une défiguration du paysage. Exhumant la sépulture, nous nous apprêtons en somme, tels des chirurgiens, à ôter le corps étranger resté logé sous la peau de la vallée, la laissant libre enfin de se refaire un visage où l'homme ne soit pour rien. Alors, face aux cinquante mille ans qu'aura duré la tombe, qu'importera l'unique saison de notre passage en ces lieux ? La terre avant longtemps nous oubliera, non moins sûrement que la rivière a déjà effacé le souvenir de nos bottes la traversant à gué il y a quelques minutes à peine.

Mais le souvenir d'avoir été ici, d'avoir franchi cette rivière, d'avoir échangé ces paroles – ces traces de tout ce qui me traverse en ce moment, quand s'effaceront-elles ? A peine arrivé, ne suis-je pas déjà comme enterré ici à tout jamais ?

Longtemps j'ai dormi, croyant marcher
et voici qu'en rêve j'arrive en vue de mon lit
et m'éveille en sursaut, terrifié
que le dormeur soit un autre que moi.

II

Vendredi 29 mars

Temps toujours très beau, mais le ciel se voile chaque jour un peu plus tôt d'une fine brume de chaleur qui atténue la lumière des après-midi. Dès le couchant, toutefois, l'air retrouve sa limpidité ; les nuits sont féeriques, les aurores un enchantement.

Les pierres de la couverture affleurent désormais presque partout. Demain, après avoir complété les relevés, nous entamerons la dépose systématique de l'ensemble grâce au treuil amené hier de Termez.

Dans l'après-midi, nouvelle visite d'un des bergers de l'autre jour (l'aîné, celui qui nous a offert du koumys), rentrant d'une chasse sur les hauteurs avec un grand bouquetin mâle, de l'espèce qu'on nomme markhor, posé en travers de ses épaules – une bête superbe, avec sa longue crinière pâle retombant sous l'encolure et ses immenses cornes plates spiralées.

Après les présentations mutuelles (il s'appelle Osman), nous tentons laborieusement, par gestes, d'échanger quelques renseignements, mais à chaque question – d'où est-il ? où va-t-il par là-bas ? et ici, où sommes-nous ? – il répond par le même sourire placide que s'il écoutait bêler ses moutons. Incompréhension ou désintérêt ? A la longue, convaincus, par son mutisme même, de l'inanité de notre verbiage empressé, nous renonçons à notre enquête – avec toutefois dans son silence à lui une qualité de satisfaction qui n'a d'égale que le poids de gêne et de frustration dans le nôtre.

L'homme comme son équipement sont sans âge : si son fusil afghan ne doit guère dater que des années vingt, tout le reste – dont une bonne part est l'œuvre de ses mains – relève d'un savoir-faire séculaire, voire millénaire et au-delà. De son imposant bonnet de laine noire à sa veste de feutre, son havresac, son ceinturon, son chalwar de grosse toile grise et ses bottes de peau enfin, on s'enfonce dans le rustique, l'antique, l'immémorial – jusqu'à certains détails dont je serais à peine surpris de retrouver l'équivalent au fond de "notre" sépulture !

D'ailleurs, un jour de chasse comme aujourd'hui, qu'est-ce donc qui séparerait cet homme d'un de ses prédécesseurs néandertaliens ? Se croisant à l'improviste au détour d'un bosquet de pins, sans doute ils s'étonneraient de leur équipement respectif ; mais ils s'accorderaient bientôt sur l'essentiel, échangeant d'égal à égal, par gestes au besoin, récits de chasse et conseils sur les meilleurs affûts… Assurément bien davantage, et autrement utile, que les rudimentaires banalités que notre hôte et nous-mêmes trouvons à nous dire. Heureusement qu'il reste le thé et le tabac pour sceller notre bon voisinage !

Pas de nom sur ce lieu
où repose un dormant anonyme ;
écrire cela

avec des mots réduits à l'épure,
ne disant rien de trop
– avec des mots qui sachent se taire
jusqu'à ce que l'hôte ait parlé.

Samedi 30 mars

Le treuil sur lequel nous comptions tant a rendu l'âme dès le premier essai, dans un douloureux fracas de bielles arrachées. Oleg Pavlovitch, citant l'Evangile selon Marc : "Et maintenant, qui nous roulera la pierre de devant le sépulcre ?" Eclat de rire général – mais le contretemps est très sérieux, aucun de nous ne voit comment hisser, sans matériel approprié, les énormes blocs de grès qui forment le centre de la couverture. Quant à obtenir un nouvel engin ou faire réparer celui-ci, aucune chance : l'un comme l'autre nous ferait perdre une semaine au moins.

Longue veillée ce soir, à commenter l'aspect de la sépulture, unique au Moustérien mais qui rappelle assez certains tumuli mésolithiques, voire les kourganes des Cimmériens historiques. Simple convergence fonctionnelle après tout : la nature plus exposée d'une sépulture à découvert suffit à justifier qu'on ait pris un soin analogue pour soustraire la dépouille aux charognards.

Nous nous entendons de mieux en mieux, rions beaucoup et discutons davantage encore, bien qu'au fond – ou peut-être, allais-je écrire, *justement parce que* – nous nous connaissons à peine mieux qu'au premier jour, comme si un pacte tacite nous interdisait à tous trois les confidences, remarques ou questions trop intimes.

Je ne crois pas que ce soit affaire de personnes : Oleg Pavlovitch me semble décidément un être tout de franchise et de cordialité ; les manières brusques de Vera Petrovna vont de pair avec une grande disponibilité ; et moi-même, aussi têtu et renfermé qu'on me trouve parfois, je me souviens des amitiés pleines de confiance que j'ai su nouer du temps de Choukoutien ou Staroselje, et avec des partenaires autrement difficiles que mes deux compagnons de cette fois !

Mais c'était au sein d'équipes plus nombreuses, où l'alchimie des méthodes et des caractères jouait librement – à l'inverse de notre groupe restreint où toute alliance à deux ferait aussitôt du troisième un isolé, où toute rivalité mettrait le troisième en position d'arbitre à se rallier. Mes deux compagnons ressentent-ils comme moi combien précaire est l'équilibre d'une telle formule, et précieux à maintenir – fût-ce au détriment d'une entente plus profonde et au prix d'une certaine solitude pour chacun ? Je crois deviner quelque chose de cet ordre sous la prudente réserve de nos contacts et jusqu'à travers la familiarité qui s'instaure toutefois entre nous, mais limitée aux formes inoffensives de la camaraderie, de l'humour et du débat savant, évitant celles dont il nous faut hélas nous défier : les souvenirs communs, les impressions secrètes, voire les passions exclusives.

Dimanche 31 mars

Deux jours entiers perdus à combiner un piteux système de palans pour soulever à la force des bras les trois blocs les plus lourds, au centre de la couverture – ne sachant s'il faut en déduire que les constructeurs de la tombe nous dépassaient par la force brute, par le nombre ou plutôt par l'ingéniosité !

Et c'est peut-être bien par dépit que, nous effondrant hors d'haleine après avoir enfin réussi à haler le plus gros des trois blocs une douzaine de mètres à l'écart, nous concevons le projet – revanche de la science sur la force brute de nos lointains devanciers – de réagencer autour de lui, d'après nos relevés, l'ensemble de la couverture. Un gros surcroît de travail, mais qui pourrait, en nous amenant à reproduire la même procédure, nous fournir quelque indice sur la méthode des bâtisseurs, voire sur leurs intentions et leur mentalité. On verra bien…

Brève reconnaissance, en fin de journée, sur les hauteurs au sud et à l'ouest du site, cherchant la provenance de ces blocs de pierre que nous soulevons. Mais tout par là n'est qu'accumulation de lœss, sur des dizaines de mètres de profondeur peut-être. L'affleurement rocheux le plus proche est une crête à demi éboulée sur l'autre berge de la rivière, à près de deux kilomètres vers l'est au débouché du vallon – une distance prodigieuse, quand je songe à l'effort que nous déployons pour charrier les mêmes blocs sur une douzaine de mètres à peine !

Mais alors, pourquoi diable n'ont-ils pas creusé la sépulture là-bas ?

Lundi 1er avril

Ce matin en quittant ma tente, j'entends le sifflement d'alerte caractéristique d'un markhor, sans parvenir à entrevoir l'animal parmi les pins où résonne l'appel. Regrettable timidité de sa part, alors que nous ne disposons même pas d'une arme de chasse ; mais, traqueurs embusqués ou paisibles campeurs, il ne se pose pas la question – ne se la pose plus depuis le Paléolithique…

J'observe, un peu amusé, comment chacun de nous établit ses repères territoriaux – non pas au sein du campement, où sauf nos tentes personnelles, et seulement la nuit, tout l'espace est commun, mais bien aux abords du site. Lorsqu'il est soucieux, mal à l'aise ou d'humeur solitaire, Oleg Pavlovitch s'accroupit sur la berge de la rivière, toujours au même endroit, comme prêt à rejoindre d'un bond les grenouilles qui se chauffent sur les galets ; Vera Petrovna, elle, s'isole dans son coin favori, à l'ombre d'un bouquet de panicauts sur le versant sud du vallon, comme surveillant les alentours ; quant à moi, je hante de préférence l'orée des pins sur la crête nord, assis sur un même rocher plat pour dessiner l'aspect changeant du site au fil de nos travaux.

La dépose de la couverture avance lentement mais sûrement. Labeur pénible et fastidieux dans la poussière, par une chaleur qui croît de midi en midi. D'après les pollens recueillis immédiatement sous les pierres, Oleg Pavlovitch avance que c'est pourtant vers la même saison (mais décalée vers la fin avril par le climat plus rigoureux de l'époque) que la sépulture, probablement creusée au sortir de l'hiver, a dû être recouverte.

Un scénario s'ébauche, très vague encore : décès par maladie ou par épuisement pendant les derniers froids, ou dans un accident de chasse aux premiers jours du redoux ; inhumation dès la fin du dégel, à la décrue de la rivière – les travaux, peut-être sporadiques, s'étalant sur plus d'un mois, voire deux ; achèvement de la tombe aux approches de l'été, avant le départ pour les hauteurs, plus giboyeuses en saison sèche… Mais à quoi bon échafauder des hypothèses ? Jusqu'à avoir atteint la dépouille (et même alors), que pourrions-nous comprendre de ce qui faisait mourir un être en ces temps-là, sachant si mal ce qui le faisait vivre ?

Silence jusqu'ici,
mais il faut tout noter
pour le jour où les pierres parleront.

Pétales et pollens, feuillages, brindilles :
saisons – qui s'en souvient ?
Tiges et feuilles de graminées :
j'écoute le vent, fossilisé.

Mardi 2 avril

Curieuse impression en découvrant, lovées parmi les rochers, les longues racines desséchées d'un saxaoul disparu depuis longtemps : le mort enterré là-dessous a-t-il profité de son ombrage – ou est-ce maintenant, l'arbre désormais mort et enfoui comme lui, qu'il en tire quelque agrément ? Une chose est certaine – et m'inspire peut-être cette lugubre réflexion : vivant, comme nous, l'arbuste ne nous aurait certes pas donné autant de mal à déraciner !

Nouvelle visite d'Osman en fin de journée. Je me décide à lui signaler la présence du bouquetin d'hier matin ; il me répond par gestes qu'il en a vu les traces et les a suivies, mais que la bête lui a échappé. Puis, assis sur un monticule de déblais, il allume posément sa pipe et, en attendant que nous l'invitions à prendre le thé, nous regarde trimer sans faire mine de nous prêter main-forte. Simple discrétion peut-être ; mais à la pointe d'amicale ironie dans son sourire, on devine ce qu'il pense de nos efforts : nous nous donnons bien plus de peine pour un mort que lui-même n'en consentirait pour traquer un bouquetin bien vivant !

Le travail, aucun doute là-dessus, reste lourd et lassant. Le soir, autour de la grande table à tréteaux de la tente-atelier, nous passons presque moins de temps à compulser nos relevés qu'à soigner et panser nos mains endolories. Quel doigté leur restera-t-il quand il deviendra temps, après ce stage de terrassiers, de revenir à des tâches plus délicates ?

Il a dû falloir une raison bien forte à ceux qui ont agencé tout ceci pour y consacrer un tel labeur ! Leur raison ? En un sens, la même que la nôtre peut-être : arracher au temps – aux atteintes du futur pour eux, aux ombres du passé pour nous – la dépouille d'un semblable.

Je repense aux sites à *Homo erectus* du haut Surkhab : jamais, avec eux, on n'a ce sentiment de pouvoir se fier à son intuition pour retrouver la logique d'une conduite, toujours il faut, laborieusement, artificiellement, se replacer dans une mentalité très éloignée de la nôtre, presque animale parfois. C'est avec Neandertal seulement que tout change et que l'on a vraiment affaire à des humains, à des semblables.

Mercredi 3 avril

Oleg Pavlovitch, peinant à décoller du sol un bloc particulièrement lourd : "Si seulement l'autre, là-dessous, voulait bien pousser un peu lui aussi !" Mais le pourrait-il ? La plupart des tombes moustériennes n'abritent guère qu'un nouveau-né, voire un fœtus ! Et même s'il le pouvait, nous aiderait-il si volontiers à troubler son repos ? Pourtant je veux croire que oui, songeant à Lukeria, l'héroïne paralytique du récit de Tourgueniev – ce presque-cadavre, inerte et sans voix, qui rassemble ses dernières forces pour fredonner encore l'air *Dans la prairie*... Quel que soit l'hôte de ce tombeau, comment ne voudrait-il jouir à nouveau de la beauté de ce printemps, de la pureté du ciel, de ce tapis de fleurs qui de jour en jour s'épanouit dans la vallée ?

Nous avons ôté à ce jour quelque quatre cent quatre-vingts pierres de la sépulture. Qu'une seule par siècle se fût égarée, et rien n'eût subsisté pour désigner la tombe – mais pas une ne manque !

Tessons de poterie : d'un seul
on déduit l'âge, le travail,
la provenance, la manière ;
pour deviner la forme,
tous seront nécessaires.

Jeudi 4 avril

Très mal dormi. Il me semble avoir passé le plus clair de la nuit à retourner dans mon esprit une bizarre arithmétique, hantée par le "zéro" de la couronne de pierres qui cerne encore la portion dégagée de la couverture de la tombe et le "un" du gisant qui attend quelque part au-dessous. Tantôt, me souvenant de mes séjours sur le site de Lan-tian, je songeais aux chiffres chinois, où le trait du "un" s'écrit couché comme s'il était déjà mort, le double trait du "deux" comme un couple allongé côte à côte et le "trois", avec son trait médian plus court, comme un enfant blotti entre ses parents ; et tantôt j'en revenais à ce "zéro" de la mort, ne sachant s'il fallait multiplier par lui le nombre de ceux qui ne sont plus, l'ajouter ou bien le retrancher…

Temps toujours chaud et de plus en plus sec. La terre, encore sombre et humide juste sous les blocs, prend dans les heures qui suivent une belle couleur feuille-morte où je crois reconnaître la teinte patinée de l'auréole dans certaines icônes du musée de l'Ermitage.

Chaque matin des lézards grouillent sur les blocs, se chauffant au soleil. Par crainte des serpents, et quoique nous n'en ayons encore vu aucun, nous prenons l'habitude de donner quelques légers coups de pelle ou de pioche sur le rocher que nous nous apprêtons à soulever – comme frappant à une trappe ; jusqu'ici, personne n'a répondu.

Etrange carrière de l'homme, depuis ceux-là qui jadis disposèrent une à une ces pierres pour marquer la place de l'un des leurs, jusqu'à nous-mêmes qui, défaisant leur œuvre, une à une les numérotons.

Et tout comme leur eussent paru vertigineux et incommensurables les chiffres qu'ainsi nous alignons, non moins fabuleuse et insondable nous apparaît la profondeur du geste qu'ils inventaient là. Si l'homme de Neandertal ne nous avait légué cet usage d'enterrer les morts, l'aurions-nous bien imaginé à sa place ?

La reconstitution de la couverture prend tournure. Vera Petrovna s'amuse à la pensée que d'autres archéologues, redécouvrant le site dans quelques siècles, se mettront en peine d'exhumer, avec la même minutie que nous, ce cairn factice (le croyant vrai, ou bien pour étudier nos propres méthodes ?) – puis, renchérit Oleg Pavlovitch, frappés par la même intuition, s'en iront de même le reconstituer un peu plus loin, puis de même encore leurs propres successeurs – jusqu'à rejoindre un jour, de proche en proche, le musée où nous aurons déposé les vestiges authentiques de la sépulture...

Je reste songeur, supputant combien de millions d'années il faudrait pour en arriver là – puis réalisant soudain que, n'y faudrait-il même que quarante-huit mille ans, le musée en question aura pu cent fois tomber en ruines dans l'intervalle ! Une fois extrait de la gangue de terre et de roc qui l'abrite encore pour l'instant, que durera ce que nous aurons exhumé d'ici ? Quelques siècles ? Quelques générations ? Quelques décennies à peine ? Autant dire que nous l'aurons détruit dans l'heure en le mettant au jour !

Les jours se suivent, le temps passe :
pour nous seuls ici
(et peut-être la rivière)
cela n'est pas une nouveauté.

Vendredi 5 avril

Rêvé que je défaisais, point par point, dans la hutte de Baba Yaga, la fleur brodée sur le canevas ; mais chaque fois, au dernier point, l'ogresse du conte, de sa voix de rivière, me hélait d'un "Tu brodes, ma nièce ? Tu brodes, ma fille ?" et, le temps de détourner les yeux pour lui répondre, tout mon ouvrage était à refaire – et chaque fois l'eau pour me cuire chantait plus fort dans la marmite sur son feu de sorcière !

Labeur éreintant, toujours à trimballer nos quartiers de roche de place en place – trop fatigués même pour rire lorsque Oleg Pavlovitch parle de dresser les bousiers, nombreux sur le site, à pousser leur boulette de terre vers l'extérieur de l'excavation plutôt qu'en sens inverse… Ce soir, couvre-feu général à huit heures, prétendument pour nous remettre à l'ouvrage plus tôt demain matin et profiter de la première fraîcheur ; mais en fait, nous tombons tout bonnement de fatigue et n'aspirons qu'à dormir ! Cet après-midi, passant derrière ma tente pour inspecter les tendeurs, j'ai remarqué des empreintes de renards, nombreuses et tout entremêlées, comme d'une aire de jeux nocturnes. Mais je n'ai rien entendu jusqu'ici, moi qu'à Leningrad, certaines nuits, le moindre soviet de chiens dans la banlieue suffit à tenir éveillé !

Samedi 6 avril

La couverture de la tombe est entièrement dégagée autour du cœur de la sépulture. Dans la couche de remblai, juste dessous, faite d'une terre jaunâtre et pulvérulente, les vestiges aussitôt se multiplient : dépôts divers, d'os et de pierre, répandus sur ce qui a dû être alors un lit d'argile meuble, impressionnable.

La reconstitution de la couverture, désormais achevée, ne nous aura rien enseigné sauf une leçon de patience : ni dallage ni mosaïque, le tas n'était donc bien qu'un tas ! A peine peut-on supposer, à comparer la taille des éléments (les plus gros au centre, entourés d'autres de moins en moins volumineux, avant une vague ceinture de blocs à nouveau plus gros à la périphérie), qu'un certain tri a dû se faire afin de réserver pour la fin ce dernier lot.

Deux confirmations tout de même : quant aux fossoyeurs, qu'ils durent être bien plus nombreux et vigoureux que nous (ou mieux organisés ?) pour traîner en place les éléments les plus pesants ; et quant à nous, qu'il nous aura fallu déployer des trésors d'attention pour reproduire le désordre tout aléatoire de leur œuvre, sans cesse à nous retenir d'affiner spontanément l'ajustage et l'alignement des blocs !

Et pour moi seul, enfin, cet autre soupçon : on a certes bâti depuis lors de plus beaux mausolées – mais je doute que Khéops, Tamerlan de Bukhara ou notre Lénine aient été pleurés avec plus d'émotion, plus de terreur, plus de vertige face au mystère de mourir, que celui ou celle qui repose sous ce vague tombeau. Nos grandioses monuments mesurent-ils bien encore notre chagrin, ou notre secret repentir d'en éprouver si peu, émoussés que nous sommes par tant de deuils déjà derrière nous ?

III

Dimanche des Rameaux,
le 7 avril

Sous les pierres de la couverture, le décapage de la dernière couche de terre s'engage depuis l'ouest vers le nord, dans le sens des aiguilles d'une montre : on fait le tour, réservant pour la fin la fosse centrale.

Le travail s'est encore ralenti : le moindre élytre d'insecte, le moindre débris végétal jonchant le sol ancien requièrent l'attention de mes deux collègues afin d'établir le climat et le biotope de l'époque. Du moins, à cette tâche méticuleuse, la chaleur persistante nous incommodera moins.

Comme je redescends de la lisière des pins avec ma provision de bois à brûler, l'aspect de notre chantier me semble déjà bien moins désordonné que naguère. Autour du cercle nettement marqué de la sépulture, les tas de déblais rehaussés jour après jour commencent à se rejoindre, formant comme une enceinte en croissant de lune accolée au cours d'eau – assez haute déjà, regrette Vera Petrovna, pour masquer le paysage depuis le fond de l'excavation, pas encore assez, se plaint Oleg Pavlovitch, pour y ménager un peu d'ombre !

Osman fait une nouvelle halte au campement en fin de journée. On prend le thé dans ce silence qui est le plus bel agrément de ses visites, à l'écoute de sa présence dense et légère à la fois – mais aussi, tout autour, du bruissement des insectes, des promenades de la brise parmi les touffes d'herbe, du rire espiègle de la rivière s'amusant des galets de sa berge ; et, remontant du fond de nous-mêmes, du simple plaisir d'être ici, de la certitude tranquille et de la joie d'exister.

Plus tard dans la journée, découverte accidentelle, huit mètres à l'ouest de la sépulture, d'un autre lit de pierres, mais de dimensions plus modestes : le cercle ici fait à peine plus d'un mètre de diamètre – trop peu pour une tombe, trop pourtant pour un foyer.

Lundi 8 avril

Hier en fin d'après-midi, Vera Petrovna, tendant l'oreille à des cris stridents très haut dans le ciel, nous annonçait le retour de migration des demoiselles de Numidie. Et ce matin soudain les oiseaux sont là, arpentant la steppe par couples autour de leurs nids de l'an dernier – délicates sentinelles gris bleuté nous observant à distance tandis que, dans le secteur nord-ouest de la sépulture, nous faisons nos premières trouvailles marquantes : trois racloirs (deux taillés directement sur des galets de chlorite, le troisième sur un gros éclat) et, tout contre ce dernier, une mandibule de bouquetin de Sibérie.

Oleg Pavlovitch, ravi, propose d'arroser notre découverte. Vera et moi acquiesçons joyeusement – sur quoi, distraits, nous nous mettons tous trois derechef à la tâche, ayant déjà oublié notre soif !

Fin de journée superbe. Le ciel n'a jamais été d'un bleu aussi intense, ni pur, ni profond : on dirait une eau absolument limpide, teintée dans sa masse infinie. Tout le reste, par contraste, se fond dans un gris-fauve drainé de couleur propre.

Ce soir, comme je m'attarde à décrire nos premiers trésors, mon regard se perd, par-delà notre feu finissant, vers l'énorme obscurité des alentours. Hors l'ampoule sous laquelle j'écris, la vallée à cette heure n'est pas moins sombre et déserte qu'il y a quarante-huit mille ans – voire à l'aube des temps !

Mais l'impression de solitude cesse dès que je lève les yeux au firmament et la Voie lactée soudain me semble faite des feux de bivouac d'une myriade de tribus, basculant lentement de l'orient vers l'occident comme en un lent panoramique de l'évolution humaine. Telle constellation très vague, à demi masquée par les cimes d'un bosquet de pins, indiquerait les *Kenyapithecus* de Leakey ; cette autre, bas sur l'horizon, serait l'*Anthropopithecus afarensis* – et quel meilleur emblème qu'une étoile pour celle que Coppens baptisa d'après l'air *Lucy in the sky with diamonds* ? Plus loin, dans la Lyre et le Cygne, les bandes éparses d'*Homo habilis*, avant un semis plus dense et lumineux vers le nord : une migration d'*Homo erectus*, emportant sur la piste sinueuse du Dragon leurs lourds outils acheuléens. Un autre champ d'étoiles

– Cassiopée, je crois – figurerait Neandertal, l'homme du Moustérien, non loin de la longue procession lumineuse de Persée, du Cocher, des Gémeaux – *Homo sapiens sapiens* alignant ses propres cultures : Aurignacien, Solutréen, Magdalénien, Mésolithique, Néolithique... L'homme historique commencerait du côté de Bételgeuse, et nous-mêmes, peut-être, nous serions les planètes invisibles à l'œil nu de cet astre en train d'émerger à l'est, très bas dans l'axe de la vallée...

Mardi 9 avril

Amusante rencontre, tous deux venus aux nouvelles sur le site, entre un délégué du département uzbek des antiquités (qui cofinance nos fouilles) et son homologue tadjik (sur le territoire de qui nous les menons). Coïncidence fortuite, ou s'espionnent-ils mutuellement ? Je sais seulement que j'ai passé le plus clair de la journée à déployer des trésors de diplomatie tout orientale pour éviter que leurs intérêts rivaux, à peine voilés sous un vif débat entre "l'inaltérable solidarité pansoviétique" et la "légitime aspiration des peuples à leur patrimoine intangible", ne dégénèrent en une brouille où nous perdrions soit notre terrain, soit notre voie d'accès à celui-ci ! Ereintant exercice – pour voir soudain les deux hommes, après un ultime assaut verbal, éclater de rire à mes dépens en se tapant les cuisses !

Le fond de leur attitude, en fait, ne diffère guère de la semi-indifférence des nomades de l'autre jour : quiconque repose ici n'est d'aucune de leurs deux "tribus" – et leurs ministères respectifs, de toute manière, s'attribueront l'un et l'autre tout le prestige de la découverte ; qu'est-ce donc qui les opposerait ? Certainement pas un mort ! Non, pas un mort ; mais peut-être bien (me dis-je en suivant leur regard appuyé) une vivante : notre Vera Petrovna – laquelle heureusement ne s'aperçoit de rien, tout à la joie d'avoir découvert à l'instant un très joli petit grattoir de silex clair, contrastant nettement avec la teinte vert sombre et le grain épais des outils taillés sur galets trouvés jusqu'à présent…

Galbe des faces, grain du silex,
tranchant des arêtes :
qui donc leur avait dit ?
– que du sein de la pierre aussi
un plus beau geste leur répondrait.

Mercredi 10 avril

Réveillés avant l'aube par Vera Petrovna, qui guettait ce moment depuis avant-hier, nous remontons la rivière à sa suite puis rampons jusqu'à une petite butte d'où, couchés à plat ventre parmi les touffes de fétuque, nous allons assister, promet-elle, "au plus ancien et au plus beau spectacle traditionnel de toute l'Asie".

Là-bas, à une quarantaine de mètres de nous peut-être, quelques demoiselles de Numidie piétinent le sol d'une petite dépression tandis que d'autres, arrivant par couples, se joignent au groupe jusqu'à le porter à près de trente oiseaux. Soudain, comme à un signal, tous évacuent le centre de l'aire, formant un cercle parfait – puis quatre oiseaux, se détachant de l'assemblée, s'avancent sur la "piste" et entament une danse étrange mais très précise, enchaînant bonds, saluts, révérences et lentes torsions du cou, déployant leurs ailes, faisant la roue, agitant les plumets de leurs joues, poussant en chœur des cris stridents…

Après dix minutes de cette subtile chorégraphie, les quatre “danseurs” regagnent leur place dans le cercle, aussitôt relayés par un nouveau groupe, puis un autre encore, près d'une heure durant, jusqu'à ce que tous les oiseaux aient dansé à leur tour, sur un mode de plus en plus intense et joyeux, leur célébration du retour au pays du printemps. De l'éternel printemps, puisque d'ici à la saison sèche les demoiselles seront reparties vers le sud, emportant le souvenir de cette vallée comme un perpétuel champ de fleurs.

Lorsque enfin, le rituel terminé, les demoiselles se dispersent, il me semble avoir vu danser le ballet du Kirov – sauf que j'ai rarement vu à nos ballerines cette qualité d'émotion, et c'est en silence et à croupetons que nous nous retirons, sans échanger un mot jusqu'à mi-chemin du camp…

Matinée délicieuse sous un soleil toujours radieux, réchauffant avec douceur l'air odorant qui s'écoule vers l'aval du vallon. Cette simple notion qui m'effleure : nous exhumons un sol défunt, enterré par la terre elle-même et qui, grâce à nous, bientôt refleurira. C'est, en soi, une chose belle et bonne – même si, bien entendu, ce ne seront plus jamais les fleurs d'autrefois.

Dans l'après-midi, profondément marquées sur un épais coussin naturel d'argile gris-jaune, Vera Petrovna met au jour plusieurs empreintes de pieds humains, appartenant à deux individus distincts au moins : trace d'un rite, ou seulement d'un jour de pluie ? Songeant encore à la fête de ce matin, nous passons plusieurs heures à chercher d'autres traces aux alentours, espérant leur voir esquisser le motif d'une de ces rondes de chasseurs dont Curt Sachs renvoie l'origine au cœur du Paléolithique après en avoir déchiffré les signes au sol de la grotte de Montespan ; mais le terrain, sauf à l'endroit où nous avons trouvé les premières empreintes, est par trop meuble pour avoir préservé quoi que ce soit, et notre quête ne livre rien d'autre qu'un segment de tibia de bouquetin et un large racloir caréné.

L'empreinte d'un pas dans la boue durcie.
Oui : chaque pas est pour toujours.
Non : on ne revient jamais.

Jeudi 11 avril

Le camion de ravitaillement m'apporte enfin ce que je convoitais depuis des jours : un lexique turkmène grâce auquel le vieil Osman, qui nous rend désormais des visites régulières au retour de ses excursions de chasse, devrait nous en apprendre enfin un peu plus long sur lui et sur ces lieux que nous connaissons pourtant, à notre manière bizarre d'archéologues, depuis telle ment plus longtemps que lui !

De son côté, il n'en saura hélas guère plus long sur nous (pour peu qu'il s'en inquiète) que ne lui ont déjà appris ses yeux : "archéologie", "préhistoire", "Paléolithique" et bien d'autres sont autant de mots absents de mon lexique (c'est tout juste si "fouille" et "recherche" apparaissent, probablement dans un sens policier), faute d'utilité apparente, sans doute, à l'aune de la vie des gens d'ici. Même le mot "ancien" n'y figure que comme substantif pour désigner l'aîné – c'est-à-dire, par une amusante coïncidence, Osman lui-même parmi les siens.

Depuis quelques soirs, nous avons peu à peu adopté une répartition invariable des tâches scientifiques : tandis que Vera Petrovna reporte les cotes, met à jour le plan de fouilles et projette les travaux du lendemain, Oleg Pavlovitch s'occupe de la collation et du stockage des vestiges de la journée tandis que je répertorie notes, croquis et photos et rédige le journal de nos travaux. "Allons, je retourne à mon cheptel !" lance Oleg ce soir après dîner, résumant notre sentiment commun d'avoir spontanément reproduit le classique schéma triparti des sociétés pastorales indo-européennes – Vera assumant la "royauté" effective sur le faire, Oleg capitalisant notre "avoir" et moi-même, quoique le responsable officiel de l'équipe, me cantonnant dans le rôle presque "liturgique" de la transmission du savoir.

Vendredi 12 avril

Dans la matinée, de nouvelles empreintes apparaissent, mais plus petites que celles du premier groupe et sans connexion spatiale avec lui.

Il fait toujours très chaud ; même la proximité de la rivière, longeant à moins de deux mètres le côté nord du site où nous travaillons maintenant, n'apporte aucune fraîcheur. Il est vrai que son niveau baisse de jour en jour, au grand dam des grenouilles qui, chaque midi, infestent littéralement le campement à la recherche d'un coin d'ombre !

Le vieil Osman, passé prendre le thé avec nous en fin d'après-midi, se prête de bonne grâce à nos questions, malgré l'infinie lenteur des échanges tandis que je cherche mes mots et les siens dans le lexique – qui de surcroît ne correspond que d'assez loin à son dialecte !

Nous finissons toutefois par apprendre que lui et sa famille sont de la tribu oghuz des Ersari et originaires de Kerki, plus bas sur l'Amu-Darya. Ils sont dix-neuf au campement, dont cinq femmes et huit enfants. Ils sont bergers de métier – les meilleurs, précise Osman –, mais le troupeau qu'ils gardent appartient à une commune tadjike de Kulyab : eux ne possèdent que leurs chevaux, leurs chameaux et "tout ce qui se trouve sous les yourtes". Bons musulmans à la ville, même si, ici sur les hauteurs, quelques gouttes de thé et une pincée de tabac semées au vent sont la moindre des courtoisies envers les puissances du lieu. "Vieille terre", énonce-t-il en montrant la vallée ; "vieilles gens", ajoute-t-il en se désignant.

Osman, lui, a soixante-neuf ans. Veuf depuis l'hiver dernier et diminué par une arthrite qui l'empêche de chevaucher longtemps, il a transmis son autorité d'*aksakal*, de chef de famille, à son fils aîné Ali, que nous avons vu l'autre fois, et passe l'essentiel de la saison nomade à chasser, moins pour la viande que pour les peaux, qu'il travaillera plus tard pour en faire des sacs, des fontes de selle ou des harnais de parade.

Ses yeux sont ce qui me frappe le plus : une façon pour le regard de s'attarder sans jamais peser, de sonder posément choses et gens, de plonger au fond de mes propres yeux comme en un simple paysage. Il n'a pas tort : on ne veut croire qu'un tel regard puisse mentir – ni que soi-même, sous un tel regard, on puisse rien dissimuler.

Empreintes de pieds d'enfants
venus voir, sans comprendre,
ce qui le retenait en bas ;
de leurs efforts pour le mouvoir
reste la trace des talons.

Samedi 13 avril

Le déblayage du côté nord se poursuit, avec des vestiges toujours abondants : l'inventaire se monte déjà à deux pointes usagées, un chopper, deux lames (dont une à denticulé), une douzaine de racloirs de divers modèles et les débris d'un couteau, mais aussi plusieurs grands fragments d'os longs ou de mandibules de bouquetin de Sibérie et de mouflon argali.

Le matériel lithique associe de gros éclats de galets de chlorite et (en pièces plus fines et mieux retouchées) un silex gris pâle jaspé de jaune et de bleu, dont l'origine ne semble pas locale. Le débitage n'est du type levallois que pour une minorité de pièces ; lames et éclats bruts sont peu représentés et on ne relève jusqu'ici aucun nucleus – absence curieuse, même s'agissant d'outils taillés sur galets. La forte proportion et l'épaisseur des racloirs, entre autres traits, rappellent le "faciès sud-oriental du grand type Quina" que Bordes a voulu reconnaître à Teshik-Tash et qui frappèrent Movius par "une certaine touche est-asiatique". Toutes les pièces semblent avoir servi, essentiellement à la découpe des viandes et au raclage des peaux, voire au sciage des os pour quelques-unes – mais aucune au travail de la pierre ou du bois.

Quant à l'abondance des ossements, on peut y voir au choix les reliefs d'un tableau de chasse ou, vu la prédominance des os les plus résistants, une réserve de matériau d'appoint pour l'outillage, compensant la pauvreté du milieu en bois façonnable et en pierre de qualité convenable : hors les galets, dont la taille ne se prête pas à tous les besoins, on ne relève aux alentours que le type de grès-quartzite assez grossier employé en blocs massifs pour couvrir la tombe.

Après dîner, Vera Petrovna et Oleg Pavlovitch, selon un plan comploté d'avance, me plantent d'autorité une bougie entre les mains : à moi, en tant que responsable des fouilles, d'effectuer la déambulation rituelle autour du site avant de proclamer la résurrection du Messie. Tout en doutant fort que cette parodie de rite pascal soit du meilleur goût (en vérité, je crois que je l'ai surtout trouvée prématurée par rapport au progrès de nos fouilles : "notre" tombeau reste à ouvrir !), je m'exécute néanmoins, suivi en procession par Vera, qui arbore sa traduction des *Religions de la préhistoire* de Leroi-Gourhan en guise d'évangéliaire, et Oleg, porteur d'une "icône" parée de guirlandes de fleurs : le portrait-robot du Néandertalien de la Chapelle-aux-Saints, découpé dans une revue et punaisé sur le fond du couvercle d'un coffre à éprouvettes…

Le tour de l'excavation achevé, je n'arrive pas à me souvenir du passage de l'Evangile selon

Marc dont je suis censé donner lecture mais, peu à peu gagné par la solennité de la circonstance et la justesse du décor – la steppe fleurie, le chœur nocturne des insectes, les étoiles comme des cierges brûlant sous la voûte du ciel : tout évoque une église la nuit de la *zaoutrina* –, je récite avec conviction, pendant que notre minuscule congrégation allume ses bougies à la mienne, la formule consacrée : "Le Christ est ressuscité des morts, par la mort il a vaincu la mort. A ceux qui sont dans les tombeaux il a donné la vie."

Après coup, cette bizarre collusion entre la fête de Pâques et nos recherches me semble, au fond, moins absurde qu'au premier abord : "vaincre la mort par la mort", n'est-ce pas en somme ce qu'a réalisé au Moustérien l'homme de Neandertal, dont l'érosion du temps ne nous aurait rien laissé à connaître s'il n'avait, le premier, veillé à ensevelir ses défunts ?

Scie de pierre : en vain
le temps s'y est usé les dents.

Couteau de pierre : brisé,
les éclats n'en sont que plus tranchants.

Dimanche 14 avril,
jour de la Résurrection

Nouvelle visite en groupe des nomades, nous rappelant à leur insu la coutume des visites matinales du dimanche de Pâques – et s'ils n'apportent pas la *paskha*, le rituel gâteau de fromage blanc, c'est bel et bien comme un présent, et non pour le troc, qu'ils nous offrent un chevreau de six semaines. A moins, me dis-je ce soir, qu'il faille y voir moins un don gratuit qu'un droit d'entrée, comme au musée ou au spectacle, avant de faire le tour du propriétaire ?

Ce qui les intéresse n'est d'ailleurs ni la sépulture, ni notre attirail scientifique, mais bien, en connaisseurs, notre campement – ou faut-il dire qu'il les intrigue ? Chaque élément, certes, leur inspire des hochements de tête approbateurs : solidité des toiles, légèreté des armatures, résistance des tendeurs, commodité des réchauds… Mais la conception de l'ensemble, à l'évidence, les laisse songeurs : ce raffinement de détails pour des abris si frêles que, venu l'automne, le nomade le plus endurci n'y tiendrait pas trois jours sous le blizzard !

On les sent qui hésitent, par délicatesse, avant de nous inviter à venir les voir sous leurs yourtes, tellement plus confortables et “civilisées”… S'ils pouvaient se douter à quel point ma simple tente, en cette vallée, me fait l'effet d'un palais dans un coin de paradis à côté de ma chambre lugubre au foyer des chercheurs à Leningrad !

Dans l'après-midi, du côté nord-nord-est, Oleg Pavlovitch découvre coup sur coup un nouveau couteau de silex, intact, et les restes dégradés de deux grandes cornes d'argali avec, emboîtée dans l'une, une troisième corne, plus petite, dont la position suggère que son extrémité libre pouvait être fichée dans l'autre grande corne (réduite à l'étui) afin de les joindre par la base. Les trois étant des cornes de droite, il est peu probable que le groupement soit dû au hasard, mais nous nous perdons en conjectures quant au sens d'un tel assemblage. Belle forme, du moins, que la longue spirale double que l'ensemble a dû former !

Ce soir, seul sous ma tente, j'essaie en vain de me souvenir de ce que le fossoyeur, dans *Hamlet*, disait au jeune prince. Rien peut-être qui nous concerne – et pourtant que faisons-nous ici, penchés sur la tombe d'un autre Yorick, qu'essayer de comprendre ce qu'ont voulu dire les fossoyeurs ?

Toujours ce bleu incroyable du ciel – comme un noir traversé d'une lumière folle. On garde les yeux baissés sans jamais perdre la présence de cet azur rendu presque audible, odorant, tactile, saturant chaque fibre sensible. Avoir la foi ressemble-t-il à cela ? Je ne sais plus lequel de nos vieux romanciers parle d'un ciel "si limpide, si haut, si lumineux enfin, qu'on s'imaginait distinguer l'autre ciel à travers lui". L'azur d'ici est de cette espèce-là, même pour moi qui ne crois plus à cet "autre ciel" sinon comme un espace sans fin et de plus en plus vide – mais d'un vide très bleu assurément.

Cornes de mouflon, en gage
– on ne sait – d'abondance
ou suggérant un prompt retour
en la spirale creuse d'ici.

Lundi 15 avril

A la suggestion d'Oleg Pavlovitch, qui s'est vite attaché au chevreau offert par les nomades, nous baptisons celui-ci Sputnik, allusion tout à la fois à ses bonds de cabri, au "bî-bî" de ses bêlements et à sa façon de se mettre “en orbite” autour de nos assiettes.

La chaleur croît de jour en jour. Las de la corvée d'aller puiser l'eau à la rivière pour alimenter notre douche de campagne, nous finissons par suivre l'exemple d'Oleg Pavlovitch, plongeant après chaque séance de labeur dans les eaux glacées du cours d'eau. Non sans prudence toutefois : pour sa première tentative hier soir, Vera Petrovna, glissant sur les galets, a failli être emportée par le courant et n'en est ressortie que les hanches et les bras marbrés d'hématomes !

Vestiges toujours nombreux du côté nord-est (aujourd'hui un peu moins qu'hier toutefois) : outils et os mêlés, sans autre nouveauté.

Mardi 16 avril

Ce soir, vive déception de Vera Petrovna : occupée toute la journée à déblayer le site satellite, elle croyait bien y avoir découvert, préservés à l'abri d'une omoplate de mouflon, les restes d'un gibier inédit, une espèce de petite marmotte du genre bobakh. Hélas, après examen, les menus ossements semblent dater d'un siècle à peine, souvenir d'un individu venu creuser son terrier dans les remblais du puits : un fouisseur de notre espèce, en somme, en plus désintéressé.

Pour la dérider, Oleg Pavlovitch propose un toast (à l'eau de rivière) en l'honneur d'Albert Einstein, dont c'est aujourd'hui le trentième anniversaire de la mort : “Où qu'il soit désormais, nulle part ou partout à la fois et – puisque grâce à lui nous savons que le temps varie avec l'espace – à jamais ou pour toujours selon sa préférence !" Nous levons nos verres, songeant tous trois, je le suppose, aux jours heureux que nous passons ici, si loin de Leningrad ; mais, reposant le mien, c'est à l'hôte inconnu de la sépulture que je pense – si près de nous dans l'espace mais si loin dans le temps, et l'exact contemporain d'Albert Einstein peut-être !

Mercredi 17 avril

La chaleur a encore augmenté : trente-cinq degrés à l'ombre cet après-midi – mais c'est en plein soleil que nous travaillons, constamment au bord de l'évanouissement ! Nos séances de baignade se multiplient, leur durée, remarque sombrement Oleg Pavlovitch, croissant en proportion inverse de ce qu'il reste d'eau vive dans la rivière.

Le classement de nos trouvailles, dans la soirée, reflète notre baisse de vigilance : aujourd'hui, Vera y a même retrouvé le capuchon de mon stylo, égaré dieu sait comment et embarqué avec les vestiges du site ! Cependant le déblayage se poursuit peu à peu vers l'est, sans nouvelles découvertes marquantes depuis avant-hier à l'exception de deux petits burins et une pièce, hélas incomplète, dont la courbure suggère un perçoir.

Depuis ce matin, un aigle solitaire survole obstinément notre campement, très haut dans le ciel. L'âme réincarnée d'un chasseur, comme le voudrait la croyance locale ?

Jeudi 18 avril

Correction : mon “aigle solitaire” d’hier n’est en fait que l’un de trois oiseaux – trois, comme nous – qui ce matin encore planent longuement au-dessus de la sépulture. Sans rien là de si étonnant, s’agissant en fait (comme Vera Petrovna me le précise d’un air amusé) non pas d’aigles mais de gypaètes – c’est-à-dire des charognards. C’est évidemment moins romantique mais, songeant à nous, plus indiqué, je le crains…

Collecte de bois mort parmi les pins du versant nord. L’atmosphère est si pure que, débouchant à découvert de l’autre côté, je sursaute, croyant presque buter contre le pic enneigé d’une montagne dont j’ignore le nom, mais qui ne doit pas se trouver à moins de soixante kilomètres d’ici !

Toujours aucune trouvaille remarquable à signaler du côté est de la sépulture, sauf lorsqu’en fin d’après-midi Vera Petrovna exhume un humérus de bouquetin curieusement brisé en pointe à une extrémité, évoquant peut-être un bâton à fouir. Pour le reste, lames et racloirs usés se suivent et se ressemblent presque sous nos yeux émoussés.

Le site satellite, par contre, exploré dans les intervalles de la fouille principale, commence à livrer son secret : ossements d’argali (deux individus au moins, sans les cornes – sans doute celles que nous avons exhumées du côté nord de la tombe) et de bouquetin de Sibérie, gibiers normaux pour l'époque – le second, ou son proche cousin le markhor, l'est encore aujourd'hui.

Faute d'aucune preuve positive pour étayer l'hypothèse d'un dépôt rituel, on ne peut guère y voir, même en l'absence de site d'habitat, qu'une fosse à détritus, ayant recueilli – mais cette précaution même, si près d'une sépulture, n'est pas insignifiante – les restes décharnés des animaux consommés pendant le creusement et le remblayage de la fosse.

Vendredi 19 avril

Les vautours sont partis, ayant enfin réalisé, selon Oleg Pavlovitch, que bien que creusant une tombe nous n'avons personne à ensevelir – ceci grincé sur un ton de dépit qui aurait dû nous faire rire… Mais par trente-six degrés en milieu de journée, c'est le ciel lui-même qui nous semble décrire au-dessus de nos têtes des cercles de charognard aux aguets ! Heureusement il reste les nuits, d'une limpidité à couper le souffle tandis qu'assis devant nos tentes nous nous enivrons *na troïkh*, à trois, comme des buveurs de vodka se repassant la bouteille, au spectacle vertigineux des étoiles. "Ne dirait-on, s'émerveille Vera Petrovna, des Rois mages d'Occident en quête, à peine hors de saison, d'une nouvelle Nativité qui fasse sens de notre venue, de nos labeurs, de nos vies peut-être ?" – et je reconnais dans la voix d'Oleg Pavlovitch la même nuance scandalisée que ce matin, tandis qu'il remarque à mi-voix : "Qui sait ? Ce pourrait bien être un enfant ; mais un enfant mort-né…"

Samedi 20 avril

Toujours du côté est, Oleg Pavlovitch recueille, semés sur le fond d'une légère dépression, des fragments de coquilles d'œufs de demoiselle de Numidie. Mais le rapport avec la sépulture n'est pas certain : selon Vera Petrovna, la dépression n'est pas sans ressembler au nid de cet oiseau et les vestiges ne proviennent peut-être que d'une ponte saccagée par un renard et recouverte quelques années plus tard par la construction de la sépulture.

Oleg n'en insiste pas moins pour inscrire au menu de ce midi une "omelette à la Neandertal", cuite, comme il l'a vu faire dans l'Altaï, sur de gros galets creux chauffés en plein soleil.

Vera commence à planter çà et là sur l'aire déjà dégagée de petits fanions rouges, jaunes, blancs et verts signalant presque gaiement l'emplacement des groupes de vestiges. Pas de fanions bleus : leur couleur nous obsède déjà bien assez, à vaquer tout le jour sous un azur qui semble une vibration de la lumière elle-même, fondant sur nous.

Je repense à cette réponse faite à mon oncle Evgueni le jour où, pour mes neuf ans, il m'avait emmené à l'Institut des mines, quai Leitenanta-Schmidta : "Le plus vieux des fossiles, lui avais-je déclaré, c'est le ciel !" J'avais ensuite oublié cette phrase jusqu'à ce que mon oncle, bien des années plus tard vers la fin de mes études, me la rappelle, tout fier à l'idée qu'il avait ce jour-là éveillé une vocation. Et bien qu'entre-temps j'eusse appris que c'était inexact (que l'azur du ciel est bien une sorte de fossile, la trace morte d'une forme de vie, mais qu'il en est d'encore plus anciens dans les sédiments marins), la phrase, obscurément, ne m'en sembla que plus vraie, et me le semble encore aujourd'hui.

Dimanche 21 avril

Oleg Pavlovitch, décidément chanceux, rencontre un nouveau creux, à moins d'un mètre de celui d'hier et impossible cette fois à interpréter comme un nid : le fond en est jonché de débris de poissons, menu qui ne correspond à aucun oiseau connu pour nicher au sol en cette région. On pense un moment, sans trop y croire, à une flaque laissée par la décrue de la rivière, où un poisson affaibli serait mort de n'avoir pu regagner le cours d'eau – puis Vera Petrovna s'aperçoit que les restes proviennent de deux individus distincts, sinon trois, ce qui exclut cette hypothèse aussi. Il doit bel et bien s'agir d'un dépôt lié à la sépulture, voire d'une offrande rituelle : on ne voit pas pourquoi tels reliefs culinaires auraient été abandonnés en ce point et tels autres soigneusement enterrés à part dans la fosse secondaire.

Lundi 22 avril

Excursion sur le versant sud avec Osman, à qui j'avais demandé s'il existait quelque part aux environs un *mazâr*, un lieu saint – dans l'espoir qu'il me signalerait, comme c'est souvent le cas, un site d'origine pré-islamique. J'aurais été mieux inspiré de lui dire sincèrement ce que j'espérais : après une dizaine de minutes de marche, Osman se contente de m'indiquer, vers le sud-ouest, la direction générale de Mazâr-i-Sharif !

A y repenser, je soupçonne même qu'il n'était pas dupe de mon arrière-pensée et s'est borné à saisir ce prétexte pour m'entraîner à l'écart et, sur le chemin du retour, me poser cette question qui visiblement l'intrigue : Vera Petrovna est-elle ma femme ?

"Non.

— Ta sœur, alors ?

— Non plus.

— Celle d'Olegka ?"

Le voyant de plus en plus perplexe, je finis, tout en feuilletant mon lexique, par lui désigner – invisible d'ici derrière son cercle de déblais – notre excavation :

"*Dost, kärdesh* : amis, collègues.

— *Dost ?*"

Il me fait vérifier le mot, puis nous rejoignons les autres. Un peu plus tard, au regard presque désirant qu'il pose sur Vera, je vois qu'il a compris...

Mardi 23 avril

Le déblayage progressant vers le sud-est, on retrouve un sol d'argile ancienne, littéralement criblé de minuscules vestiges que nous recueillons un à un depuis hier, de plus en plus enthousiastes à mesure que se multiplient les pièces d'un véritable trésor.

Les unes, groupées par deux ou trois, sont de fines esquilles d'os, trop abîmées hélas pour en préciser l'usage, mais on songe d'autant plus à des épingles – une trouvaille inédite au Moustérien – qu'Oleg Pavlovitch nous confirme l'absence dans la paléo-flore locale d'arbres aux épines suffisamment longues et coriaces pour remplir cet office. Un second lot de fragments osseux, identifié cet après-midi seulement, est plus étonnant encore : les débris, apparemment, de plusieurs petites plaquettes percées vers une de leurs extrémités. Mais le plus joli, quoique le plus éparpillé et le moins travaillé, est un troisième lot fait de "jetons" irréguliers et de "perles" grossières de divers matériaux (ivoire surtout, mais aussi pierres fines du bassin de l'Amu-Darya : kaolin, albâtre jaune, jadéite et lapis-lazuli) – et de nous extasier sur ces "joyaux" qui feraient piètre figure, pourtant, auprès de la collection de billes de verre multicolores de n'importe quel écolier moderne !

L'ensemble est difficile à interpréter, les Néandertaliens n'étant pas réputés faire usage d'objets de parure. La solution est peut-être celle de Vera Petrovna, suggérant que les orifices observés sur les plaquettes et les "perles" seraient naturels (on ne relève en effet aucune trace de perforation active) : c'est alors par intérêt pour ces trous qu'on aurait rassemblé de telles pièces (certaines dégrossies ou taillées pour mettre ce détail en valeur), à la manière d'autres collections de *curios* découvertes sur des sites moustériens. Le parallèle est certes ténu et l'on voit mal pourquoi cette seule population moustérienne aurait manifesté une telle fascination pour les objets troués (je préfère oublier les allusions scabreuses dont Oleg Pavlovitch nous accable depuis ce matin) ; mais l'hypothèse peut tenir, et ne rend certes pas nos découvertes moins admirables pour autant !

Plaquettes fusiformes
au motif incertain : poissons, lèvres,
paupières closes, sexe de femme ?
Pendeloques,
dit seulement le trou.

Perles d'ivoire semées ici et là :
maillons de chaîne sans séquence,
sans rien pour indiquer
lequel figure ce mort-ci.

"Collier de petites pierres",
comme disait le vieil Oysin à saint Patrick,
ignorant ce qu'était un chapelet ?

Mercredi 24 avril

Voulant fêter dignement nos trouvailles des trois derniers jours, nous en tirons lâchement prétexte pour nous résoudre enfin à abattre le chevreau offert par les pasteurs, las de sa détestable habitude de venir fourrager sous nos bâches, envoyant bouler pêle-mêle les menus vestiges soigneusement disposés dessus. Reste à exécuter la sinistre besogne, qui finit par échoir – non sans un long marchandage sur les prochaines corvées de bois – à Oleg Pavlovitch, le plus emporté de nous trois contre l'intenable bestiole depuis qu'elle a poussé l'audace jusqu'à piétiner deux de ses précieux plants de gentiane.

Nous nous offrons ainsi aux dépens du pauvre Sputnik un "dîner de gala" auquel ne font défaut que les vins et liqueurs. Pour les "attractions", heureusement, nous ne manquons de rien, grâce à de vifs débats autour de nos derniers trésors : une phalange de jeune bouquetin percée d'une encoche, où Oleg veut voir, plutôt qu'un simple pendentif, un sifflet du même type que dans la tombe moustérienne de Kalimba Falls (sa démonstration serait toutefois plus probante s'il pouvait en tirer un son !) – et surtout les fragments de deux nouvelles plaquettes, d'ivoire celles-ci et également percées : ornements d'un collier, comme le suggère Vera Petrovna ?

Sonnailles d'un sistre, comme j'incline à le croire ? Mais il est trop tard, de quelque cinquante mille ans, pour terminer la soirée par un concert…

Musique lointaine
dans l'air inchangé de la nuit :
la même brise à l'identique
frôlant le même bosquet de sapins
fredonne un jazz qui nous étonne encore.

Seul le silence a changé de texture,
plus diffus, moins coloré aussi
d'être entendu par des novices.

Jeudi 25 avril

Jour de ravitaillement. Sacha, le chauffeur du camion, nous présente avec un amusement enfantin un crâne vieux d'un siècle peut-être, ramassé dans un cimetière de nomades au bord de la route ; sur quoi il entreprend, hilare et sourd à toutes nos remontrances, de l'installer bien en vue au sommet d'un monticule de déblais afin qu'il assiste à la mise au jour de l'hôte de la sépulture. Je ne sais, de ce rôle d'entremetteur qu'il s'arroge ou du côté macabre de la rencontre, ce qui le divertit le plus.

Faute d'avoir pu le faire démordre de son idée, nous attendons impatiemment son départ pour déloger le crâne et le déposer (le jeter, plutôt) loin à l'écart du site, au bord de la rivière – moins choqués, je crois, par l'anachronisme que par un scandale plus fondamental, comme si ce crâne trouvé était d'une personne morte, et ce que nous espérons exhumer celui d'un vivant !

Ce soir, Oleg Pavlovitch nous montre la lettre qu'il reçoit de la municipalité de Tobolsk, sollicitant son conseil pour l'implantation d'un jardin "paléolithique" dans le parc du musée local. Comme si les espèces végétales de l'époque avaient pu survivre intactes au jeu des climats et à l'interférence des paysans… Après discussion, Oleg envisage très sérieusement de leur répondre de ne plus toucher à rien, ce qui leur fera, un jour, à défaut, un authentique jardin "postglaciaire néo-industriel, horizon soviétique" !

Vendredi 26 avril

Le niveau de la rivière baisse toujours, abandonnant parmi les galets de ses berges de petits poissons morts autour desquels des libellules rose vif et bleu électrique volent en essaims agités, guettant sans doute les larves attirées par la chair morte – à moins que ces insectes eux-mêmes aient ici des mœurs charognardes ?

Depuis quelques soirs nous avons pris l'habitude, après dîner, de nous lire à haute voix un article ou un chapitre d'un livre. Vera Petrovna s'en charge le plus souvent, sa rigueur y faisant merveille : avec Oleg Pavlovitch ou moi-même, on peut être sûr, si la lecture se déroule d'un trait, que l'article ne présente en fait aucun intérêt ; sinon, ce ne sont qu'apartés, commentaires personnels, exclamations joyeuses ou grognements excédés !

Ce soir, comme en hommage à la rivière qui longe le site, Vera a choisi l'audacieux article publié par Gruet après sa découverte de la structure rituelle moustérienne d'El Guettar – cet étonnant cairn conique, fait de centaines de pierres taillées en sphère et serti de dents, d'os et de silex taillés, le tout élevé, les pieds dans l'eau, sur le fond du bassin d'une source artésienne, dont seul émergeait le sommet de la construction. Aujourd'hui encore, trente ans plus tard (mais que vaut un tiers de siècle en archéologie ?), on reste rêveur devant l'argumentation de l'auteur pour y faire voir le monument d'un "culte des eaux vives", édifié "en offrande" à la source…

Samedi 27 avril

Fouille du côté sud, refermant peu à peu le cercle autour de la fosse centrale. Après la journée d'hier, moins fertile en vestiges, les trouvailles se multiplient à nouveau, mais avec de notables différences par rapport à tout le tiers nord de l'aire.

Les outils, tout en respectant la même typologie (sauf pour la présence parmi les racloirs et les lames de deux gros percuteurs sphéroïdes et d'une belle encoche double), emploient exclusivement la chlorite indigène et ne présentent, très curieusement, pas la moindre trace d'usure : on se croirait sur une aire de débitage, si nuclei, éclats bruts et déchets de taille ne brillaient par leur absence. Quant aux os, toujours de bouquetin et avec la même prédominance des éléments massifs, plusieurs sont visiblement travaillés – os longs épointés ou aménagés en poinçons, omoplates creusées en coupelles. Tout en étayant ma première hypothèse quant à la destination artisanale du matériel osseux, ce nouveau lot pose deux questions plus intrigantes encore : pourquoi les autres ossements n'ont-ils pas subi le même traitement ? et pourquoi ces outils, pas plus que ceux faits de pierre, n'ont-ils servi ? Dépôt cérémoniel, voire objets de prestige ? Mais alors, pourquoi privilégier la pierre la plus commune plutôt que le silex, plus rare et pourtant voué, du côté nord, à l'usage quotidien ? Mystère…

Objets d'usage, intacts pourtant
– à moins que peut-être…
A quoi voit-on qu'une lame a coupé,
qu'un racloir a dépecé des ombres ?

Dimanche 28 avril

Un peu moins chaud que ces derniers jours. Nous en profitons pour fouiller sans relâche, encouragés de loin en loin par les trouvailles qui se succèdent : surtout des racloirs, neufs toujours, certains même laissés inachevés – mais sans rien pour indiquer qu'ils aient pu être fabriqués sur place, malgré la présence d'un très beau retouchoir.

Brève alerte cet après-midi lorsqu'un nuage de poussière brunâtre vers l'ouest nous fait craindre une tempête de sable ; heureusement ce ne sont que les Turkmènes nos voisins qui mènent paître leur troupeau un peu plus haut dans la vallée – non sans venir nous demander fort civilement si nous n'y voyons pas d'inconvénient. Recherches fébriles dans le lexique pour leur répondre, avec une égale courtoisie, qu'après tout ils sont chez eux et que c'eût été à nous de les consulter avant de venir creuser au beau milieu de leurs pâturages ! Mais cette réponse est par trop compliquée à formuler et nous finissons par simplement accepter afin d'écourter leur attente.

De toute façon, me dis-je tandis qu'ils repartent vers leurs bêtes, des dizaines de milliers d'humains, en quarante-huit mille ans, ont dû visiter ou traverser ce vallon, foulant le site de "notre" tombe : chasseurs isolés, familles nomades avec leur cheptel, caravanes, bandes de pillards, armées en marche… J'imagine cette foule immense réunie ici aujourd'hui – son formidable piétinement, son énorme rumeur… des bousculades, des retrouvailles, des feux, des rixes, des morts, des naissances inopinées…

De tout cela, pourtant, aucune trace : rien que celle, intacte jusqu'à nous, de l'hôte de cette sépulture – et bientôt la nôtre, qui sera d'avoir effacé celle-là. Notant tout, certes, n'omettant presque rien, capables en principe de restaurer à l'identique, d'après nos seuls relevés, ce que nous aurons défait. Mais combien dureront nos mesures, nos clichés, nos caisses de vestiges soigneusement étiquetés ? Des caves d'un musée, un autre pourra-t-il seulement exhumer à nouveau ce que nous nous apprêtons à emporter d'ici ?

Curieuse impression (pour nommer ainsi ce qui ressemble bien davantage à un malaise !) de nous préparer à un acte impie qui nous scandalise et nous attire à la fois. Bizarrement, c'est moins à la profanation d'une sépulture que je songe qu'à une espèce de mise à mort. Que la victime soit un défunt, l'objet du supplice une simple effigie et toute l'affaire en somme une vague parodie, telle une exécution par contumace – rien de tout ce que je puis en penser par ailleurs ne parvient à rendre la chose plus banale ni notre présence moins ambiguë :

comme chiens de meute
sur la piste de la proie,
excités – leur flair de chiens

perçoit-il la différence ? –
par l'odeur chaude de cette vie qui s'enfuit
ou le fumet de la mort qui s'approche.

Lundi 29 avril

Vera Petrovna multiplie depuis quelques jours de longues promenades zoologiques avec Osman. Comme, à son retour, nous la plaisantons innocemment sur son "amoureux", elle rougit, soudain confuse d'entrevoir sous l'affection paternelle du vieil homme cette autre tonalité insoupçonnée jusque-là. Tant, à force de nous tenir mutuellement sur nos gardes contre toute familiarité, nous finissons par nous comporter comme de purs esprits !

Encore une journée fructueuse : deux racloirs (dont un avec de belles retouches sur les deux faces), une espèce de coup-de-poing amélioré et, plus inattendu si loin vers l'est, un outil, peut-être inachevé, qui rappelle assez les prondniks de certains sites ukrainiens. En attendant d'échafauder une hypothèse qui explique ce profil exotique, il nous faut d'ores et déjà revoir nos typologies afin d'y faire place à ce nouvel objet. Du moins elles n'auront pas à intégrer le gros bloc de grès-quartzite où j'ai cru reconnaître ce matin une enclume : un examen plus attentif du sol sous-jacent démontre un affaissement local du remblayage, qui aura entraîné jusqu'au niveau de l'aire ce simple élément de la couverture rocheuse.

Soirs où nous trouvons moins que jamais le temps de nous confier, fonctionnaires affairés à nos spécimens, nos cotes, nos hypothèses...

Mais si chacun au monde pouvait se trouver attelé à une besogne aussi absorbante (comme du temps, peut-être, où les Moustériens taillaient studieusement leurs beaux outils de pierre), la paix qu'auraient les hommes entre eux !

Mardi 30 avril

Découverte d'un fémur humain, tout au fond de la fosse secondaire. On songe d'abord à une trace de cannibalisme, puis on s'avise que l'os, marqué d'impacts et de traces d'usure, fêlé enfin, a dû servir longtemps d'outil. Qui sait même si ceux qui le manièrent y voyaient bien un vestige humain, et non seulement l'ébauche d'une pioche – idée tout aussi distinctement hominienne, à tout prendre, que celle de se nourrir de son semblable ! Les deux sont dans notre héritage : d'où vient alors notre soulagement d'avoir troqué une supposition pour l'autre ?

Une brise de sud-ouest, modérée mais soutenue et qui s'engouffre dans le vallon comme dans un entonnoir, s'est levée pendant la nuit et persiste toute la journée, forcissant peu à peu. L'impression de chaleur s'en trouve atténuée, mais la poussière est notre nouvel ennemi, s'insinuant partout – sous les tentes, dans les cantines, les vêtements, les yeux... – et charriant sur le site, en même temps que de menus débris végétaux qu'il nous faut laborieusement trier au fond des cribles, la terre de nos propres déblais entassés à l'entour. Presque aussi gênante est l'impossibilité d'étaler sur les tables les feuillets de notes à compulser, les croquis et les listes de cotes à reporter sur les plans. Il nous semble déjà travailler à l'aveuglette, ramassant en vrac comme des glaneurs plutôt que des savants.

Au dîner, Vera Petrovna nous fait un bel exposé sur un crâne très complet de hyène des cavernes, qui nous a fort frappés lorsque nous l'avons exhumé en fin de journée : le premier vestige d'un fauve sur le site – et d'un animal qui a bien pu être pour les paléolithiques non seulement un redoutable concurrent, mais aussi un prédateur. Nous nous sentons presque rassurés lorsque Vera chasse de nos pensées l'image d'un duel entre la bête et l'homme : le crâne a dû être prélevé sur la dépouille d'une hyène tuée par la ruade d'un âne sauvage, comme l'atteste le pariétal gauche, défoncé par un impact trop lourd pour un épieu et trop profond pour une massue. Par contre, le piteux état de la dentition est postérieur à la mort de l'animal et, avec les fines esquilles d'os fichées entre les molaires et jusque dans la mâchoire, révèle que le crâne a servi d'étau pour le travail des os de bouquetin : l'artisan coinçait la pièce entre les mâchoires puis, probablement assis dessus pour renforcer la prise, pouvait tailler en force l'extrémité libre de l'os. Pas ici même, toutefois : il en subsisterait des traces et des débris sur le sol…

Mercredi 1er mai

L'*afganietz*, comme on le nomme ici, persiste de plus belle, s'engouffrant dans l'excavation en tourbillons de poussière. Vers midi, la mort dans l'âme, il nous faut bâcher le site et renoncer à poursuivre, laissant "Dieu passer le balai sous sa tente", selon l'expression des Turkmènes.

C'est seulement alors que nous nous avisons de la date du jour : nous pourrons toujours dire aux autorités que nous avons scrupuleusement chômé la fête du Travail !

Du moins je comprends mieux, maintenant, le peu d'épaisseur de la couche de lœss pardessus la sépulture : de tels coups de vent, canalisés d'âge en âge par l'orientation du vallon, ont dû décaper régulièrement le fond de la combe des sédiments qui s'y déposaient.

Faute d'un meilleur programme, je me joins au vieil Osman pour une promenade dans les collines, vers l'amont de la vallée. Depuis les hauteurs, je m'aperçois avec surprise que le tracé de la rivière de ce côté-là, à l'inverse des méandres où elle s'attarde aux abords du site, est presque rectiligne, s'incurvant à peine pour recevoir, tantôt à gauche, tantôt à droite, les ruisseaux sinueux qui dévalent des ravins adjacents.

Rentrant au campement, nous y trouvons Vera Petrovna en train d'examiner le tapis qu'une femme nomade se propose de lui vendre. A ma propre surprise, et fort peu civilement, je coupe court au marchandage en proposant un prix sans doute surfait et, sans laisser à l'une ni à l'autre le temps de protester, emporte sous ma tente ce qui me frappe – d'où mon impulsion subite – comme le plan même de la vallée que j'observais tout à l'heure depuis les collines : même schéma en nervures de feuille (le motif représente en fait, stylisé par la tradition, un "arbre de vie"), même tracé anguleux des branches adjacentes autour d'un tronc central rectiligne. Jusqu'aux méandres de la basse vallée qu'il me semble retrouver, à la base du "tronc", dans une sorte d'épaississement du motif – et, juste à côté, figurant presque l'emplacement du site, un “nœud de vœu”, une de ces mèches de laine de couleur que la tisserande insère à l'improviste dans la trame du tapis en souvenir de l'instant où l'image de son fiancé a soudain traversé son esprit.

Jeudi 2 mai

La bourrasque se prolongeant, la journée entière se passe, dans la pénombre sous les tentes, à compulser notes et relevés sur la récolte des jours derniers, tâche d'autant plus ingrate qu'il est trop tôt encore pour tirer la moindre conclusion. Tout au plus l'abondance des restes de gibier et des outils de dépeçage par rapport aux objets proprement techniques suggère la sépulture d'un homme, d'un chasseur – ou plutôt en évoque l'ambiance, dont il conviendra de se méfier.

Réveil en sursaut, passé minuit, au son inquiétant d'un claquement de toile qui couvre jusqu'au vacarme du vent : jaillissant de nos tentes, nous nous ruons vers l'auvent sous lequel nous abritons nos trouvailles et empoignons les pans déchirés de la bâche à l'instant même où la tempête, arrachant les derniers tendeurs, menaçait d'emporter toute la structure, renversant pêle-mêle au passage nos caisses de vestiges soigneusement répertoriés et rangés ! Dans une panique épouvantable, nous luttons deux heures durant, à l'aveuglette, assourdis par le hurlement de la bourrasque et fouettés par des rafales de poussière, pour redresser et renforcer l'abri, arrimer partout de nouvelles toiles et doubler les tendeurs. Heureusement, le reste du campement, plaqué au sol par les monticules de sable qui s'accumulent au pied des tentes, semble devoir soutenir le choc ; quant au site, impossible à inspecter dans le noir, il nous faut nous fier au rempart de déblais qui l'entoure pour le protéger de l'ouragan.

Les dégâts enfin réparés, nous décidons néanmoins d'un tour de garde pour parer à une nouvelle catastrophe. Très bizarrement, pourtant, tandis que je patrouille à travers le camp dans la tourmente, toute frayeur m'a déjà quitté, balayée, comme le sable sous le vent, par une griserie presque joyeuse ; et, regagnant enfin ma tente, ma seule pensée avant de sombrer dans le sommeil est que Dieu peut bien faire le ménage sous sa yourte : mes deux collègues ne sont heureusement pas assez impressionnables, et moi-même trop amoureux de la steppe jusqu'en ses redoutables sautes d'humeur, pour nous laisser effrayer par ce coup de vent comme une espèce d'avertissement surnaturel !

Vendredi 3 mai

Le pire semble passé. Le vent persiste encore ce matin, mais avec des sautes d'intensité et de direction suggérant qu'il devrait tomber plus tard dans la journée, ainsi qu'Osman me l'annonçait dès avant-hier soir avec un très beau geste, comme cueillant une mouche dans son poing fermé puis écartant les doigts pour montrer le creux de sa main, vide.

Vers midi, nous commençons à débâcher le site et redresser ici et là les fanions de couleur qui marquent l'emplacement des groupes de vestiges. Il me tarde, ayant refermé le cercle autour de la fosse, de pouvoir m'attaquer à en déchiffrer la répartition.

Seule trace de la tempête d'hier, de curieuses "vaguelettes" de sable apporté par le vent strient la steppe entre les touffes de graminées, s'incurvant et se soulevant autour des pierres et au pied des tentes comme la houle devant une étrave... Des bribes de cours de physique élémentaire me reviennent à l'esprit : connaissant la longueur d'onde du vent, calculer sa fréquence – jusqu'à déchiffrer, peut-être, le message tressé à son onde porteuse...

Samedi 4 mai

Toujours rien depuis que nous avons repris le travail hier après-midi – comme si le coup de vent, renonçant après tout à reboucher l'excavation, s'était consolé en faisant place nette de la zone restant à fouiller !

Affolement de chiens en bout de piste,
jappant, flairant, tournant en rond
– et sans doute nous faut-il,
tout comme eux,
passer par là pour mieux comprendre
la part de chance et la part de patience,
l'angoisse de la proie
et le mérite du chasseur.

Dimanche 5 mai

L'*afganietz* n'aura pas rafraîchi l'atmosphère pour longtemps : la chaleur recommence à croître sous un ciel à nouveau dégagé, quoique d'un bleu comme terni. Est-ce ce changement dans la lumière, ou l'aspect de la vallée a-t-il lui aussi brusquement changé ? La verdure est plus pâle, comme vue sous un fin vernis frotté de poussière, et d'autres floraisons, aux teintes plus graves, remplacent peu à peu les couleurs d'avril.

Coup sur coup cet après-midi, et presque côte à côte, nos premières aubaines en trois jours : les quatre segments d'un long couteau arqué, au tranchant très effilé, évoquant à s'y méprendre la forme d'un fer de faucille, et une omoplate d'onagre – animal de la frange subdésertique qui, d'après Oleg Pavlovitch, ne devait pourtant guère fréquenter ces parages sous le climat de l'époque, sinon poussé par un épisode d'extrême sécheresse.

Je note avec intérêt qu'on retrouve désormais la configuration générale observée du côté nord de la sépulture : l'ossement ne porte aucune trace d'aménagement, tandis que le couteau, lui, a indéniablement servi. Hélas les traces de micro-usure, sous notre microscope de campagne, sont trop vagues pour nous dire encore à quel usage l'objet était destiné. A faucher les graminées, comme sa forme semblerait le suggérer ? Il resterait alors à imaginer quel besoin des paléolithiques sans cheptel ni semis pouvaient avoir d'un tas de foin !

Lundi 6 mai

A nouveau rien depuis la double découverte d'hier : à cette seule exception près, tout le quartier ouest de la sépulture ne nous aura pas livré l'ombre d'un vestige, alors que nous nous apprêtons, mi-déçus, mi-intrigués par cet étonnant contraste avec le reste de l'aire funéraire, à refermer le cercle autour de la tombe. Aversion superstitieuse pour le côté où le soleil disparaît ou pour l'amont de la rivière ? Crainte du vent dominant ? Orientation néfaste par rapport à la position (encore inconnue) du défunt ? Tout est possible – sauf de deviner, à leurs yeux de chasseurs, de nomades, de précurseurs de l'homme, quel élément pesait plus lourd, ou quelle autre idée encore pouvait les gouverner…

Mardi 7 mai

A la limite même de la première zone fouillée, entre ouest et nord-ouest, nous faisons enfin notre plus belle trouvaille depuis plus d'une semaine : les traces d'un foyer provisoire (la terre, immédiatement au-dessous, est à peine altérée par la combustion), d'où une traînée rougeâtre, mélange d'ocre et de cendre, semble se diriger vers l'emplacement de la tombe.

Qu'ils connaissaient le feu, nous le savions bien – et pourtant, ce soir, comme notre feu de camp a changé de couleur, brûlant soudain depuis tellement plus longtemps ! Flammes et bouffées de fumée et les crépitements du bois peuplent la nuit de présences inquiètes, feulant et jappant après nous du fond des âges. Ambiance magique, superstitieuse, dont notre silence dit en long et en large que nous sommes tous trois impressionnés – non tant effrayés par le noir que séduits comme par un rite de passage : celui ou celle dont c'est ici la tombe, de nous voir assis auprès du feu amical, n'identifierait-il pas à cela des humains, des pareils, et ne viendrait-il se joindre au cercle de lumière ? – à moins que ne l'effraie cette irruption follement étrangère de *vivants* ! Ainsi notre brasier le réchauffe aussi, sa lueur brille également pour lui et la nuit se fait grotte autour de nous,

le regard innombrable du feu
fixant le fauve au fond de nos yeux.

Mercredi 8 mai

Le déblayage du côté ouest de la sépulture progresse de plus en plus lentement à mesure qu'on se rapproche du centre, recueillant centimètre par centimètre les minuscules fragments d'hématite semés sur le sol ancien depuis l'orée du lit de cendres – une découverte lourde de sens, les Néandertaliens en général étant censés ignorer la technique du brûlage de l'ocre.

Vers cinq heures, à mi-chemin du bord de la fosse centrale, nous faisons notre trouvaille la plus spectaculaire à ce jour : le dos d'une carapace de tortue, dont le creux a servi pour émietter l'ocre rouge, voire la délayer. Tout le fond en est littéralement imprégné et on distingue encore sur le rebord les traces de broyage ou d'essuyage laissées par les doigts. Quoique l'objet atteste à lui seul un emploi délibéré du colorant, il reste toutefois muet sur l'intention. On pense spontanément à un usage décoratif et à l'emploi classique de l'ocre pour évoquer le sang, le souffle ou "la vie" ; mais rien n'exclut une démarche purement technique (pour la préparation des peaux) ou prophylactique (pour atténuer les miasmes du cadavre) – chacune de ces hypothèses éclairée d'un jour spécial par le fait qu'il ne s'agit pas ici d'un lieu de vie, mais précisément d'une sépulture…

Enfin, exactement au coucher du soleil, Oleg Pavlovitch met au jour une boule d'argile ocrée de la taille d'un œuf d'oie, littéralement criblée de fines piqûres et tailladée de plusieurs rainures de couteau.

Toute la soirée, nous compulsons mentalement la littérature sans trouver à ces marques aucun parallèle éclairant. Pour un peu, il faudrait se borner à y voir un simple prélude au délayage du colorant, n'étaient les fameuses boules d'ocre serties de débris d'os ou de silex trouvées par les Français à Arcy-sur-Cure. Bien que ce dernier site soit de loin plus tardif, un rapport semble plausible – mais il s'en faut de beaucoup qu'il ne suggère une explication !

Fichés dans une boule d'ocre,
éclats de gestes, esquilles de regards,
impacts de cris perçants
comme d'une naissance au monde,
tuméfiant l'ombre d'étincelles.

Jeudi 9 mai

Visite du camion de ravitaillement, désormais confié à un autre chauffeur de la station de machines agricoles de Termez. Son prédécesseur, ce Russe ivrogne qui nous bassinait un jeudi sur deux avec ses discours péremptoires sur la griserie de conduire dans la steppe, semble avoir cédé une fois de trop à l'ivresse des grands espaces – jusqu'à verser dans un petit ravin au retour de son dernier passage…

A tout prendre, je préférais toutefois cet abruti, bien incapable de comprendre nos fouilles, au Kazakh taciturne qu'on nous envoie à sa place, et qui manifeste pour elles un intérêt que j'ai peine à croire platonique. Même sa visible déconvenue, mesurant à quel point les vestiges exhumés à ce jour seraient difficiles à monnayer au marché noir, ne nous rassure qu'à demi.

Le professeur Ossipenko, en réponse à mon premier rapport, m'écrit une longue lettre pleine de questions. Que serait-ce s'il savait ce que nous avons trouvé depuis ! Malgré son âge et sa santé fragile, je crois bien que nous l'aurions vu descendre en personne du camion ce matin, tant il semble ravi du fruit de nos travaux !

Son seul reproche, et le dernier auquel je m'attendais, est que nous ne faisons *pas assez* d'hypothèses : "Imaginez ! Osez les conjectures les plus folles ! Délirez ! Une fois de retour, vos notes, vos croquis, vos échantillons, vos vestiges ne vous laisseront plus le loisir que d'être raisonnables."

Il veut lire aussi mes poèmes, espérant les trouver moins timides que ma prose. Il sera déçu, je le crains !

Discussion très littéraire avec Oleg Pavlovitch, à qui ses gentianes rappellent cette fleurette que le héros de *La Machine à explorer le temps* de H. G. Wells, l'auteur favori de son enfance, rapporte, séchée au fond de sa poche, comme seule preuve de son incursion dans l'avenir. Oleg ne réagit pas lorsque je lui apprends qu'une "fleur bleue", en français, suggère hélas une rêverie de songe-creux, mais s'enthousiasme dès que je lui évoque la fleur céleste de Novalis et celle dont parle Coleridge (mais sans mentionner sa couleur) : "Mettons qu'un homme rêve qu'il se promène au paradis, qu'il y reçoive une fleur comme preuve de son passage et qu'au réveil il la trouve entre ses mains : que dire de cela ?"

La mention du paradis, fait-il soudain, est une idée réconfortante, face aux pensées qui l'assaillent chaque fois qu'il émerge de notre excavation : tout comme le voyageur de Wells n'avait guère croisé dans son périple que des futurs abominables, Oleg Pavlovitch m'avoue qu'il se sent assez oppressé par la fréquentation de cette tombe – comme un rappel obsédant, en ce paysage édénique, que la terre tout entière est un vaste cimetière en somme, l'humus un charnier végétal mêlé de restes d'animalcules et l'air même que nous respirons, l'haleine morte de milliards de créatures, bêtes ou plantes, jadis vivantes comme nous...

Curieux garçon : lui que j'ai failli trouver un peu fruste au début, le voici, soudain converti à la poésie, qui voudrait lire mes vers lui aussi !

Vendredi 10 mai

Tandis que la traînée d'ocre nous ramène lentement vers le cœur de la sépulture, où elle se perd sous le matériau de remblayage de la fosse centrale, toutes nos pensées de la journée semblent s'orienter sur cette couleur rouge qui nous guide désormais, et autour de la question faussement naïve que Vera Petrovna propose à notre sagacité : pourquoi l'hématite précisément ? S'il ne s'agissait que d'évoquer symboliquement le fluide vital, pourquoi aller l'associer à cette poussière brunâtre, sèche, stérile, incomestible et difficile à obtenir, plutôt que par exemple à la fleur vermeille du grenadier et la chair rouge acide de son fruit, si gorgé de symbole pour les néolithiques – et encore pour les femmes turkmènes dans les motifs de leurs tapis –, ou alors à la racine de la garance, dont les mêmes tisserandes font la couleur de fond de leurs tissages, aussi riche de pouvoirs que la pourpre pour les Méditerranéens ?

La réponse ne nous apparaît que dans la soirée, lorsque les braises de notre feu de bivouac ressuscitent à nos yeux le souvenir d'une autre teinte encore : celle qui baignait avant-hier la boule d'ocre sous le feu rasant du soleil à son coucher. Nous avions confondu deux couleurs bien distinctes : le rouge mordoré, palpitant, solaire du plein midi, de la flamme qui bondit, de la grenade mûre, de l'or – et celui, plus sombre, plus grave, presque pathétique, de l'ocre, du sang qui s'écoule, du soleil finissant et des braises qui palpitent en se rétractant. Des deux, l'ocre est ce rouge-ci, non le plus vif mais le plus fort, celui des morts, tout comme c'est de l'équinoxe d'automne au solstice d'hiver que s'allument les fêtes les plus intenses, les plus vitales, les plus brûlantes – à la saison des nuits longues, des jours languissants, où tout semble devoir s'engourdir sans retour.

Et j'entends à nouveau, peut-être à cause de sa belle lettre d'hier, le professeur Ossipenko nous évoquer l'ambiance des premiers temps – mais ils durèrent plusieurs fois cent mille ans ! – où toute la vie dépendait de ce feu trouvé et reperdu, conquis mais non encore maîtrisé, dans une perpétuelle angoisse de la mort du foyer et, avec elle, de l'extinction du clan comme une fumerolle emportée par le vent : “C'est dans cette lueur-là, gémissait-il presque, que l'homme est devenu l'homme : se découvrant, non dans l'odeur de la viande cuite ou la chaleur qui réchauffe les orteils, mais dans la peur abjecte de se perdre à nouveau dans la nuit froide, et soudain pénétré de l'urgence et la précarité de vivre !"

Ecran de bambous
des jours et des nuits,
masquant et révélant,
noir et feu tour à tour,
le tigre optique du temps.

Samedi 11 mai

Dans l'après-midi, nous terminons le dégagement de la zone centrale de la couverture, sans autre trouvaille, comme à Shanidar, qu'une jonchée – mais imperceptible, sauf à l'œil averti d'Oleg Pavlovitch – de minuscules débris floraux. Regard outré de mes deux collègues lorsque je suggère en plaisantant (quoique sincèrement frappé par le contraste entre ces vestiges drainés de couleur et l'aspect fleuri de la steppe environnante) qu'il serait temps de remplacer le bouquet fané par des fleurs fraîches.

Débat houleux, ce soir, avec Vera Petrovna qui proteste contre ma suggestion que le foyer a pu servir à brûler des *offrandes* : de quel droit appliquons nous un terme liturgique aux actes, même rituels, d'une population dont tout porte à croire que le concept de divinité lui était inaccessible ? Et certes, je doute moi aussi que l'homme du Moustérien ait pu se figurer un être surnaturel, maître du ciel et de la terre – mais que vaut le terme *surnaturel*, hors de notre propre concept de la "nature" ? Un coup de tonnerre n'est-il pas aussi "naturel" pour celui qui se figure le char du dieu de la pluie roulant sur le grand pont céleste que pour nous, qui en connaissons un peu mieux l'origine physique ?

Les Moustériens ont bien dû voir que le monde autour d'eux était peuplé de deux sortes d'êtres : ceux qui meurent – eux-mêmes et le feu leur emblème, les bêtes et les plantes – et ceux qui demeurent ; et distinguer encore, parmi ces derniers, les uns – l'eau des lacs, les rochers des montagnes – qui semblent inertes (parce qu'ils sont déjà morts ?), et les autres, vivants sans doute puisqu'ils meurent eux aussi, mais *autrement*, car sans fin renaissants : le ciel et le soleil chaque matin, la terre et ses rivières chaque printemps.

Le ciel, la terre : ces deux vastes puissances, dispensatrices de famine et d'abondance, maîtres de vie et de mort sur les hommes, qu'on retrouve, à la racine des premières religions historiques, explicitement divinisées cette fois comme le souverain législateur et la grande mère, fertile et compatissante – mais depuis quand ? Depuis Moïse le prophète ? Depuis Noé le refondateur ? Ou, avant même le Déluge, depuis le "premier" homme, qu'on le nomme Adam ou bien Neandertal ?

Plus j'y pense, du moins, plus il me semble que l'idée moustérienne de la mort, telle qu'illustrée par les premières sépultures, attend encore d'être creusée en toutes ses implications. Pensée très appropriée d'ailleurs, au point où nous en sommes de nos travaux : sur l'aire nue, légèrement concave, que nous avons mise au jour – la surface du sol, en fait, telle qu'elle se présentait à l'époque de l'inhumation –, nous entamerons demain la quatrième et dernière étape de nos fouilles : l'excavation de la fosse funéraire proprement dite.

Offrandes de fleurs, dont ne subsiste
que le parfum : tel le défunt.

Là où plus rien ne remue,
ce renfoncement pourtant :
le plus lourd du sommeil
nuit après nuit
roulé au creux du lit.

IV

Dimanche 12 mai

On creuse à nouveau, et la brouette semble plus lourde encore qu'auparavant. Ecrasés par la canicule (j'ai relevé trente-neuf degrés hier midi), nous renonçons à demeurer au campement en milieu de journée, passant les heures les plus chaudes à boire du thé, dormir et écrire sous un auvent de toile installé parmi les pins du versant nord. Vu d'ici, le site tout entier n'est pas sans ressembler, en plus vaste, à un nid déserté de demoiselles de Numidie, et les bâches kaki où nous étalons les déblais à trier, à des fragments de coquille d'œuf. Il y a certes une différence essentielle, puisque l'"oiseau", dans ce cas précis, repose encore au fond du nid – mais je ne m'en avise qu'après un temps : d'instinct, j'ai songé d'abord aux éclats de *trois* œufs, comme nous-mêmes. Et lorsque, me ravisant, je songe au jour tant attendu de l'"éclosion", c'est encore pour me demander si *nous* sommes prêts à sortir de notre coquille…

Lundi 13 mai

Tout au long de ces deux premiers jours, doutes et difficultés pour délimiter exactement la fosse, d'abord induits en erreur par la pente inégale des talus : où, hier soir encore, nous croyions voir un rectangle aux proportions extravagantes (deux mètres sur trois environ), orienté d'est en ouest, nous avons fini par reconnaître cet après-midi une fosse de taille plus ordinaire et orientée du nord au sud, mais à la forme d'auge très évasée en largeur – un mode de creusement qui, tout en amenant les bâtisseurs à déplacer davantage de terre, a pu favoriser un travail en équipe, à plusieurs creusant de front – stratégie qu'à nous trois nous ne pouvons hélas guère imiter !

Malgré cela, pourtant, nos outils suffiraient à nous faire progresser plus vite qu'eux, si nous n'avions à passer au crible chaque pelletée de terre en quête du moindre vestige – sans plus rien trouver, toutefois, depuis que nous avons quitté le niveau de l'aire funéraire. C'est même le point le plus frappant quant au matériau de remblayage de la fosse, contrastant avec l'abondance du mobilier funéraire à même le sol à l'entour et jusque par-dessus la fosse rebouchée. Ceci ne peut signifier qu'une seule chose : que ces dépôts ont dû y être placés *après* l'inhumation proprement dite, en une phase ultérieure du rite funèbre. Or il n'est de rite sans structure : ces vestiges n'ont pu être semés au hasard sur le site, mais bien disposés délibérément, selon une topographie qu'il nous appartient de rechercher et conjecturer, lettres et mots d'un texte à déchiffrer. Plantés çà et là autour de nous, nos fanions de couleur, que naguère encore je comparais joyeusement aux fleurs semées partout alentour, me frappent désormais par une même apparence de désordre défiant toute analyse.

Mardi 14 mai

On creuse toujours, hébétés de chaleur, le regard brouillé à force de scruter – en vain – chaque once de terre remontée de la fosse. Autant dire que je n'ai guère avancé dans le déchiffrage de l'aire funéraire, ce bizarre rébus fait d'os intacts ou travaillés, d'outils de pierre usés ou neufs, de pendeloques, d'ocre, de cendres, de pétales répandus...

Telles les fleurs jour après jour déployant leur corolle au hasard de la brise, attendant la douce violence d'un insecte – et comme l'aire elle-même étalée sous mon regard depuis la crête pendant nos longues pauses de midi, invitant ma "lecture" –, je n'ai guère la force que d'attendre, en rêvassant, qu'une idée me visite... Ou bien, me dis-je comme pour excuser ma paresse, ne faut-il pas, face à cette énigme d'un autre âge, laisser faire avant tout le temps ?

Tout ici est voulu :
chaque pierre, soigneusement choisie ;
le geste pour la poser, longuement réfléchi ;
le moment pour ce geste, mûrement délibéré.
A moins que...

Tout ceci est voulu :
nous-mêmes, convoqués depuis toujours ;
nos gestes attendus, prévus bien à l'avance,
le moment pour chacun inscrit dans la durée.
A moins que...

Mercredi 15 mai

Nuit d'insomnie (la chaleur sans doute), dont je profite pour dresser un plan complet de l'aire funéraire, chaque type de vestiges visualisé par un symbole coloré distinct. Mais j'ai beau tirer en tous sens quadrants, diagonales et rayons obliques entre la tache rouge avec ses deux "yeux" (la boule d'ocre et la carapace de tortue), le cercle noir du foyer, le triangle grisé qui figure à l'est la zone des micro-vestiges, les traits bleus ou verts des lames et des racloirs (usés ou non), les marques jaunes ou orangées des cornes et des fragments osseux et le cercle également jaune du site satellite, tous mes tracés fuient en désordre vers la zone blanche centrale : la fosse elle-même, où nul ne sait ce que nous trouverons. L'*œil* de la tombe, dirait Oleg Pavlovitch, comme si déjà cela nous épiait, nous attendait – la tache aveugle, précise Vera Petrovna, comme si au fond cela nous ignorait encore – le trou noir, me dis-je aussi, comme si cette absence qui nous attire devait enfin nous engloutir, planètes fascinées trop près d'un soleil passé outre.

Nous en sommes déjà à quarante centimètres sous le niveau de l'aire – autant que dans la "grotte des Bouquetins" à Kiik-Koba, la sépulture moustérienne la plus profonde à ce jour, avec celle de l'enfant hydrocéphale de Staroselje – et rien n'annonce encore l'approche du fond de la fosse.

Comme la jeune Alice dans le terrier du lapin, sensation d'une chute très lente mais vertigineuse : chaque demi-millimètre de sol "vaut" ici près d'un siècle. Ce soir, Oleg Pavlovitch me confie qu'un de ses amis, un géologue affecté à ce site de la péninsule de Kola où l'on fore un trou profond de plusieurs kilomètres, avait employé la même image exactement, ajoutant que plus d'un scientifique envoyé là-bas avait dû être rapatrié, hanté jusqu'à la dépression par l'idée de ne pouvoir jamais plus remonter à la surface – impression qui m'a également effleuré, songeant au temps présent, mais qu'il vaut mieux que je garde pour moi.

Jeudi 16 mai

Soixante centimètres sous le niveau de l'aire, par endroits, et cela s'enfonce toujours. Je touche l'argile des parois et contemple, adhérant au bout de mes doigts, cette poussière déposée par une bourrasque d'il y a deux cent mille ans. Prodigieuse tranquillité de l'air, pourtant…

Huit semaines déjà que nous sommes ici. Mais la durée de ce séjour, le rythme lent des journées et notre solitude, entre deux visites du camion de ravitaillement, ne nous pèsent guère, toujours tentés que nous sommes de les rapporter à l'âge de "notre" sépulture.

En un sens, tout notre labeur s'apparente moins à une quête active qu'à une attente occupée, que seul ce dernier trait distingue de celle du défunt inhumé sous nos pieds – attente que j'allais dire plus rêveuse… Mais bien sûr il ne rêve plus depuis longtemps – pas plus que nous-mêmes, désormais, terrassés chaque soir par le travail de la journée.

La nuit, sommeil pesant
– mais non tant que le sien ;
puis jusqu'au soir, journées légères
– moins pourtant que les siennes.

Comme d'un caillou, on se dit
qu'il vit la nuit et dort le jour ;
mais la nuance vient toute de nous,
tantôt endormis, tantôt debout.

Vendredi 17 mai

"Jour faste : le fond de la fosse affleure sous nos outils", m'apprêtais-je à noter ce soir – mais, quelque chose sonnant faux, la phrase est restée suspendue en l'air.

Quelle "fosse", en effet ? Ceux qui jadis ont ouvert cet alvéole dans le sol ont pris soin de le combler ensuite, puis même d'y ajouter un épais couvercle de pierres, ce surcroît sans lequel nous ne l'aurions pas retrouvé. La seule fosse ici, depuis cette époque, est celle que nous-mêmes avons entrepris d'y recreuser !

Et quel "fond" ? On pourrait après tout pousser plus loin et trouver autre chose encore, de plus ancien, toujours plus bas. Nous seuls choisissons d'arrêter la fouille à ce niveau, faisant de cette sépulture notre horizon, le fond de *notre* fosse. Qu'y cherchons-nous, qui ne vienne de nous et déjà n'y ramène ?

Je m'endors à demi, la plume encore à la main, cherchant où j'ai pu lire cette phrase dont seul le début me revient : "Creuser la question, s'imaginant qu'une fois évidée, elle aura pris la forme d'une réponse…"

Samedi 18 mai

On attaque le dégagement du fond de la fosse centrale, commençant par l'extrémité sud, où l'on rencontre bientôt les menus ossements de la cheville et du pied droits.

Etrangement, alors que depuis des semaines nous vivons l'attente de ce premier contact avec la dépouille, la bouffée d'émotion que chacun croyait éprouver ne vient pas : nos premiers mots sont pour remarquer, qui la fraîcheur du squelette et sa disposition presque intacte, qui la forme typiquement néandertalienne de l'astragale et les proportions plutôt masculines des ossements ; quant à moi, je me surprends à m'étonner que tout ceci, à peine surgi de sa gangue, soit déjà d'un homme fait, et non d'un nouveau-né !

Surpris, sans doute nous ne pouvions l'être : la dépouille *devait* se trouver là, presque à fleur de terre depuis hier ; et tout le reste, hors l'âge du défunt, était annoncé par le style, la nature et l'état du mobilier funéraire – pas au point, toutefois, d'expliquer notre soudaine apathie. Est-ce la fatigue qui s'accumule, émoussant nos impressions ? La gravité de l'instant, nouant le cri d'enthousiasme ? Ou bien déjà le regret de voir "sa" présence longtemps diffuse se réduire brutalement à ceci – à ces bouts d'os pâle dans la gangue brunâtre du sol ?

Ce soir après dîner, comme je me promène sous la lune vers l'amont de la vallée, le souvenir rougeoyant du soleil à son coucher m'évoque ce décalage vers le rouge de la lueur des étoiles, auquel on reconnaît qu'elles aussi s'éloignent de nous. L'ocre des sépultures aurait-il le même sens ? Chaque jour qui passe (et c'est aux nuits surtout que je songe) s'ajoute à l'âge de ce tombeau, creusant la durée entre son hôte et nous. Mais de même que les astronomes, en scrutant les étoiles les plus rapides dans leur fuite – celles dont la lumière ainsi ralentie nous parvient après le plus longtemps – explorent la préhistoire du cosmos, baignés à travers les lentilles de leurs télescopes dans la clarté fossile des premiers temps du monde, je me console à l'idée qu'ainsi aussi pour nous, faute de pouvoir rajeunir cette tombe ni même interrompre pour un seul jour son lent engloutissement vers le passé, chaque pelletée de terre, chaque grain de poussière ôté d'ici au fil de ces deux mois nous ont replongés peu à peu dans la lueur rouge d'avant, dans le reflet – certes affaibli, tiédi, mourant – du jour qui baigna les derniers instants de cet homme, la lumière même qu'il contempla sur le point de s'éteindre.

Les temps historiques, le Néolithique et ses kourganes, le Magdalénien et ses frises rupestres ne sont déjà plus pour nous que de lointains souvenirs de voyage dans un temps parcouru à rebours : ce soir, j'ai quarante-huit mille ans !

Dimanche 19 mai

Nuit profonde et réparatrice, après la nervosité des derniers jours. Ce matin, une gêne curieuse flotte entre nous ; tous trois, je crois, nous cherchons encore en nous une trace d'exaltation après notre découverte d'hier et restons tout confus de n'en déceler aucune : notre fierté est raisonnée, prudente notre impatience, toute scientifique notre curiosité. Nous attendions bien autre chose – d'être aspirés soudain au-dessus de nous-mêmes –, et c'est comme pour atténuer la déception de mes deux camarades que j'entreprends de leur expliquer comment cette sépulture nous livre, en même temps que la dépouille d'un mâle néandertalien adulte, un point de vue inédit sur l'homme paléolithique et son mode de vie. Sur quoi je reprends pour Vera Petrovna et Oleg Pavlovitch, à l'aide de galets de diverses couleurs, la démonstration que le professeur Ossipenko nous avait faite, un soir au réfectoire de la faculté, en répartissant dans une série d'assiettes et de soucoupes des raisins noirs, jaunes et verts, classant selon l'âge et le sexe tous les Néandertaliens dont on a retrouvé les restes inhumés ici ou là – toujours dans des cavernes ou des abris sous roche.

L'assiette de gauche était pour les fœtus, les nouveau-nés, les enfants et les adolescents : dix-huit raisins verts en tout. Dans l'assiette de droite, les adultes trop abîmés ou trop fragmentaires pour en deviner l'âge : deux raisins jaunes pour les femmes, deux noirs pour les hommes et quatre verts pour les individus de sexe inconnu. Tout autour de celle-là enfin, quatre soucoupes : deux pour les femmes selon leur âge (quatre raisins jaunes du côté des "moins de trente ans" et, seule de l'autre côté, la femme de trente-cinq ans de Skhül), et de même pour les hommes, soit trois raisins noirs, tous dans la soucoupe des plus âgés : l'infirme de Shanidar avec ses quarante ans et les deux "vieillards" de quarante-cinq ans de Skhül et La Ferrassie. "Et les autres ?" s'exclama enfin Ossipenko, jetant sa serviette dans la soucoupe restée vide. "Où sont passés les hommes dans la force de l'âge ?" (Cette dernière question clamée d'une voix si forte que plus d'une tête, aux autres tables, se retourna vers notre groupe – je ne sais ce qu'ils ont dû penser de notre conversation !)

"Alors quoi ? poursuivait Ossipenko. Tous disparus sans trace dans des gouffres ou des fondrières en pourchassant le gibier ? Dévorés par les fauves, sans exception ? Abandonnés jusqu'au dernier sur les champs de bataille de je ne sais quelles guerres tribales ? Ou simplement, reprit-il en nous tendant à chacun un des raisins noirs en surnombre, inhumés ailleurs, à l'écart de l'habitat et des refuges habituels ?

Mais alors, pourquoi ? Peut-être tout bonnement parce que la place d'un chasseur n'est pas au campement, mais sur les lieux de chasse, sur la piste des proies, là où il montre sa valeur et – ne l'oubliez jamais : ces gens croyaient à la survie de l'âme, à quoi rimerait sinon d'enterrer un cadavre ? – où il la montrera encore, fût-ce depuis l'au-delà !

A découvert, jeunes gens, conclut-il, à découvert : c'est là qu'il faut les chercher, et non sous les auvents rocheux où se blottissaient les plus faibles, les femmes gravides, les mères et leurs petits, les jeunes, les éclopés et les vieillards dans mon genre ! Cherchez-les à découvert !"

A découvert ? C'est là précisément que nous venons de trouver celui-ci ! Sur quoi, sans plus attendre, nous regagnons l'excavation.

L'ensemble de la cheville et du pied (sauf trois phalanges manquantes) ainsi que la base du tibia viennent au jour.

Depuis hier, on ne déplace plus rien, se bornant à faire affleurer les parties du squelette.

Chaque geste mesuré, circonspect
– ne rien ôter qu'avec d'infinies précautions.
Comme, entre lui et nous,
un concours de lenteur
dont, par courtoisie, il feint d'ignorer
qu'il l'a gagné longtemps d'avance.

Lundi 20 mai

Oleg Pavlovitch à Vera Petrovna, comme elle nous rejoint après avoir analysé un échantillon : "Alors, docteur, ton diagnostic ?

— Il est mort…" répond Vera.

Je n'ai pas ri : sa phrase, bizarrement, me choque. Quand meurt un homme ? Est-ce quand son bras retombe, lorsque son cœur cesse de battre, quand la chaleur enfin délaisse son corps ? Ou est-ce plutôt quand celui-ci disparaît sous la terre ? – mais "notre" dépouille vient au contraire d'en resurgir ! Est-ce enfin lorsque ses restes ont fini de se dissoudre, que sa sépulture s'est effacée, que son souvenir s'est retranché de la mémoire des vivants ? Mais voici les restes de "notre" défunt pourtant – voici sa tombe retrouvée – et nous voici, comme venus apporter la preuve du contraire !

Mardi 21 mai

Tôt ce matin, comme on poursuit le long du tibia (le péroné est réduit à quelques fragments épars), un début d'éboulement du versant nord de la fosse nous oblige à interrompre le travail pour consolider les parois. Selon Oleg Pavlovitch, la sécheresse extrême et la baisse du niveau de la rivière risquent de multiplier ce genre d'aléas. Il ne pense pas si bien dire : deux heures plus tard à peine, le petit promontoire d'où nous avions coutume de puiser l'eau s'effondre sous son poids et le précipite dans la rivière !

La chaleur est éprouvante, l'excavation se transforme en fournaise dès que le soleil frappe le fond. Hier nous avions installé un auvent de fortune, mais avons dû le démonter presque aussitôt car il occultait la lumière. Cet après-midi, autre tentative à l'aide d'un ventilateur électrique, dont le seul effet perceptible, hélas, est de faire voler partout de la poussière.

Mercredi 22 mai

Nouvelle journée noire : à peine Vera Petrovna et moi nous sommes-nous remis au dégagement du tibia, qu'Oleg Pavlovitch, en fendant du bois au campement, s'entaille vilainement la jambe droite avec sa hache – la même jambe et à la même hauteur où, par une inquiétante coïncidence, nous venions de remarquer sur le squelette la marque d'une fracture ancienne.

L'estafilade n'a pas bel air ; en lavant la plaie, on distingue l'os (inconsciemment, je me surprends à en comparer la teinte avec celle du tibia sur le site). Fort heureusement, Oleg ne s'est pas cru tenu d'aller jusqu'à la fracture pour compléter le parallélisme, mais le voici néanmoins, pour plusieurs jours, empêché de s'accroupir avec nous au chevet du squelette comme de vaquer aux corvées du camp : il ne lui reste plus qu'à arroser son carré de gentianes et s'absorber de son mieux, pour le reste, dans l'analyse des fragments végétaux recueillis sur l'aire funéraire.

Long conciliabule ce soir avec Oleg qui, s'exagérant un peu la gravité de sa blessure et son impact sur nos travaux, me propose de le rapatrier : je n'aurai qu'à le remplacer par le jeune paléontologue kazakh qui nous a escortés à Karshi. Je décline naturellement son offre, sans même consulter Vera : ce chantier est le nôtre et nous le fouillerons ensemble. Mais je reste frappé par la bouffée d'autosatisfaction qui m'a saisi au même instant, comme d'avoir fait preuve d'une attitude non tant normale que spécialement magnanime – et d'une grandeur d'âme non pas spontanée mais conquise sur autre chose en moi de plus pragmatique.

Chacun, j'imagine, ressent parfois cette griserie d'avoir réagi noblement, sans aller songer pour autant, comme moi ce soir, à la façon dont l'homme de Neandertal, tout le premier, semble avoir pris à cœur de veiller sur ses vieillards et ses infirmes ! Certes, que son cousin de Cro-Magnon, ancêtre de notre propre race, n'ait pas manifesté une pareille sollicitude n'en fait pas forcément une brute sans pitié pour ses proches : simplement son souci allait, d'un point de vue collectif, à la survie du clan. Il n'empêche : mon ivresse de tout à l'heure, n'était-ce pas aussi la fierté d'avoir su écouter en moi la voix du Néandertalien fidèle et fraternel, plutôt que celle du *sapiens sapiens* efficace ?

Jeudi 23 mai

Encore une journée perdue : Vera Petrovna et moi n'avons pas repris le travail depuis une demi-heure qu'un appel d'Oleg Pavlovitch nous ramène au campement. C'est le camion de ravitaillement, qu'accompagnent inopinément, entassés dans l'étroite cabine de l'engin, trois "agronomes" d'un "combinat agro-alimentaire en projet", comme le chauffeur nous les présente. Le problème n'est pas de savoir s'il dit vrai : à leurs costumes trop neufs et déjà froissés par la route, à leurs tignasses rebelles mal pacifiées pour l'occasion à grand renfort de brillantine, à leurs lunettes noires et leurs cigarettes américaines de contrebande, on reconnaît au premier coup d'œil des trafiquants du marché noir, presque identiques à leurs collègues de Leningrad – la même urbanité à fleur de peau et, par-derrière, la même dégaine de fauve à l'affût ; dents de loup dessous le sourire jovial, regards de fouine à l'abri des verres teintés.

Quant aux "affaires" qui les amènent ici, on comprend vite que l'agronomie n'en est que le prétexte, même si j'avoue avoir été un moment impressionné par le soin que prenaient deux au moins de nos *hooligans* pour ménager, dans leur russe de bazar, le faux-semblant de leur visite, nous bonimentant sur "le potentiel de ce sol faussement stérile, pour qui ne se contente pas, tel un nomade, de glisser à sa surface, mais prend à cœur d'y chercher le bon secteur, de labourer et de creuser afin de faire rendre à cette vieille terre les richesses que convoite le marché" – je cite de mémoire…

Nul besoin, toutefois, d'être ferré en agronomie pour deviner que ce coin de steppe ne produira jamais mieux qu'un maigre herbage à moutons, et donc saisir le message à demi-mot – le troisième larron veillant d'ailleurs, avec une maladresse calculée, à dissiper tout malentendu sur l'arrangement qui nous est proposé, à savoir de nous associer à eux, bon gré mal gré, pour écouler vers l'étranger les plus belles pièces de nos fouilles.

Je ne sais encore pourquoi, après avoir accueilli notre refus par des clins d'œil complices, puis, s'impatientant, avoir tenté quelques manœuvres d'intimidation à mots couverts, ils se sont abstenus de préciser leurs menaces, voire, profitant du nombre, de passer outre à nos réticences : la "négociation" en est restée là et, le déchargement du camion ayant pris fin, les quatre compères ont plié bagage sans se faire autrement prier. Simple repérage ?

Conseil de guerre, ce soir, quant à la conduite à tenir : réclamer la protection des autorités – mais lesquelles, et sur quels vagues soupçons ? Expédier sans plus attendre nos trouvailles à Leningrad – les confiant pour ce faire au même chauffeur qui nous a amené les trois lascars de ce matin ? Obtenir – d'un *natchalnik* peut-être de mèche – que le conducteur soit remplacé par un homme plus sûr ? Ou vaut-il mieux enterrer nos trésors – sous nos propres déblais par exemple, ô paradoxe ! Nous choisissons finalement, par lassitude surtout, de ne rien faire encore, sinon redoubler de vigilance à l'égard de tout visiteur et, si possible, nous procurer un chien de garde auprès de nos voisins nomades.

"Glisser à la surface" : et pourtant
nous aussi nous broutons au passage
la surface des choses – et ces os,
ces pierres sont notre herbe à moutons
même si, mâchant tiges et feuilles,
nous ne rêvons, ruminants pensifs,
qu'à un goût plus profond de racines.

Vendredi 24 mai

Frustrés par les contretemps qui s'enchaînent, nous décidons, malgré nos craintes, de remettre à demain ou après-demain notre démarche auprès des bergers, mais n'en sommes pas récompensés : tandis qu'Oleg Pavlovitch, au risque de rouvrir sa blessure, vaque courageusement aux corvées du campement, Vera Petrovna et moi passons le plus clair de la journée à étayer le versant sud de la tombe, suant sang et eau sous un soleil de plomb et poursuivis par l'amère impression que la terre, le soleil et la rivière se liguent pour ruiner nos efforts et rendre cette dépouille à son obscure tranquillité de naguère.

“Le temps passe comme trois voleurs”, observe piteusement Oleg ce soir, songeant aux visiteurs d’hier – adage de très mauvais goût, mais qui lui en voudrait après cette journée affreuse ?

Le temps passe comme trois voleurs :
le passé comme un receleur
le présent comme un faussaire
le futur comme un escroc.

Samedi 25 mai

Enfin un signe d’avancement – mais lequel ! En début d’après-midi, comme Vera Petrovna et moi finissons de dégager le tibia, les phalanges du pied gauche affleurent à l’improviste, immédiatement par-dessous, confirmant (ainsi que nous le soupçonnions déjà) que la dépouille est posée sur le flanc, en position plus ou moins fléchie. C’est hélas tout sauf une bonne nouvelle : même si aucune nouvelle catastrophe ne vient entraver nos efforts, il faut désormais s’attendre à trouver le reste du squelette, ainsi placé de guingois, très dégradé par son lent tassement latéral sous le poids de la terre.

Tourné vers l’est
pour une aube nouvelle ;
celle peut-être de ce jour-ci,
et comme afin de nous rappeler
que nous non plus n’y sommes pour rien.

Réveil angoissé, peu avant minuit, comme par la menace d’un nouveau coup de vent. Tout est tranquille pourtant ; mais, le sommeil me fuyant, je me force à sortir de ma tente pour une brève ronde d'inspection, vérifiant les tendeurs des auvents.

Assis devant notre feu ranimé, je ne sais pourquoi je repense à cet ami médecin qui m'affirma, par une autre nuit de mai, à Leningrad, que la pensée n'est en somme qu'une très lente oxydation de notre cerveau, et notre conscience, la fumée de ce feu invisible qui couve en nous. Dix ans après, cette notion me hante encore ! – tout comme n'a pas fini de me bouleverser l'idée qu'il m'exposa un instant plus tard : que cette lente combustion de nos neurones n'était elle-même que la reproduction en miniature du combat d'arrière-garde de l'univers entier contre la deuxième loi de la thermodynamique – ou était-ce la troisième ? mais je me souviens de l'autre nom, terrible, qu'il lui donnait : le "principe de la mort thermique", ce processus, étalé à l'échelle de l'histoire même du cosmos, qui finira un jour de figer la bouffée d'énergie pure du début, infiniment chaude, sauvage et bouillonnante, en une structure infiniment complexe et gorgée d'information, mais parfaitement inerte et glacée.

J'ai dû pousser, intérieurement, un cri épouvanté, me voiler la face peut-être : intellectuellement, je suis né cette nuit-là, d'avoir éprouvé soudain que l'univers et moi étions engagés ensemble dans cette lutte désespérée, et que chaque geste de l'un ou l'autre pour repousser l'inéluctable – chaque clignotement de chaque étoile, chaque seconde à la lumière d'une lampe et le fait même pour moi d'y penser – ne fait qu'attiser encore ce feu vital qui nous anime, dont nous sommes le combustible, dont nous devenons la cendre.

Un jour, je ne serai plus rien qu'un point infime dans l'immense image arrêtée de ce qui fut un univers, comme une photographie figée sous verre, accrochée au mur du néant sans personne même pour contempler ce curieux vestige. Parfois j'en ai rêvé ; peut-être même, sous des formes diverses, n'ai-je rêvé depuis lors que de cela, comme dans ce cauchemar qui m'a longtemps poursuivi : j'étais sur notre palier à Leningrad, rue Obolenski, je sortais, fermant derrière moi la porte de l'appartement, et soudain je pensais à cette photographie de mon père, dans son cadre de bois de sapin à la cuisine, qui est tout ce que j'ai jamais connu de lui, et j'éprouvais, subitement terrifié – et cet effroi, je le savais en même temps, m'interdisait à jamais de rebrousser chemin –, qu'il n'y avait plus personne soudain, dans la cuisine, pour regarder cette photo.

Je ne sais si j'en rêverai à nouveau cette nuit, ou s'il me suffira pour ce soir d'avoir réalisé, en pleine conscience, que cette sépulture est de la même espèce en somme, l'image inerte et bientôt effacée d'un être jadis vivant, un faiseur de feu comme nous. Inertes aussi les notes, les clichés, les vestiges que nous rassemblons ici – et les lignes même de ce journal : le mémorial froidement technique d'un mémorial plus oublié encore. Inerte enfin, un jour à venir (mais, à l'aune de cette sépulture, c'est d'un instant à l'autre !), le souvenir de notre propre existence à tous les trois, la cendre froide de notre chaleur toute gaspillée.

Dimanche 26 mai

Je n'ai pas rêvé de la nuit, et mon angoisse semble dissipée avec le doux soleil du matin. Cela vaut mieux : déjà mes compagnons ne sont qu'à demi rassurés de se savoir dirigés par un archéologue-poète – que serait-ce s'ils me trouvaient sujet à des cauchemars cosmologiques !

Journée un peu plus fraîche. On se répartit la besogne pour avancer plus vite : tandis que Vera Petrovna exhume les os de la jambe gauche, je poursuis le travail sur la droite.

Dans l'après-midi, la fosse prend soudain à nos yeux un aspect fleuri et presque pimpant lorsque Oleg Pavlovitch nous annonce le résultat de ses analyses sur les débris végétaux recueillis sur l'aire. Oleg est un peu déçu : aucune trace de gentianes. Pourtant, à mesure qu'il nous détaille la couleur des pétales – de bleuets surtout, mêlés d'une espèce jaune et plusieurs blanches dont j'oublie les noms savants – on croit voir s'épanouir çà et là leurs touches de couleur. Ou est-ce d'avoir machinalement levé les yeux vers le ciel où, dans un vaste pan d'un azur lumineux, quelques nuages d'altitude encadrent un grand soleil d'or ?

Chacun de nous, inévitablement sans doute, songe à sa propre mort : qu'ici serait un bel endroit pour cela ; et que nous non plus, nous ne choisirons pas le lieu.

Lundi 27 mai

Surpris ce matin un couple de sousliks en train de creuser leur terrier dans l'excavation. Oleg Pavlovitch, encore diminué par sa blessure, se propose de construire un épouvantail à l'aide de vieux emballages, meublant sa solitude au camp tandis que Vera Petrovna et moi, un peu rassurés par les progrès des deux derniers jours, nous rendrons enfin à l'invitation des nomades.

Les yourtes, au nombre de cinq, sont alignées au bord d'une source, sous la falaise éboulée d'un plateau dont l'appel d'air maintient une fraîcheur agréable sur le campement et dissipe l'odeur forte des chevaux et des chameaux de bât qui broutent à l'entour.

Au pied de l'éboulis, Vera me fait remarquer un affleurement d'hématite, exploité par les nomades (à voir la teinte caractéristique de leurs ustensiles de cuir), qui jette un jour nouveau sur la présence inattendue de l'ocre dans la sépulture : si nos Néandertaliens ont habité un site pareil à celui-ci, ils ont fort bien pu découvrir le colorant par hasard, en le recueillant sous la cendre de leurs foyers, sans avoir à maîtriser le procédé de cuisson de l'hématite – et sans que leur échappe pour autant le prestige symbolique de cette terre couleur de sang issue de la chaleur du feu.

Osman n'est pas au campement, peut-être par délicatesse vis-à-vis de son fils, Ali, qui arbore fièrement l'insigne de sa dignité d'*aksakal* : un collier dont il m'invite à détailler les divers éléments, serres d'aigle, griffes de tigre de la Caspienne (prélevées par son propre père, m'affirme-t-il, sur la dépouille d'un des derniers exemplaires de ce fauve), canines de loup et dents de "lion" (en fait, deux crocs fossiles de hyène des cavernes).

On nous sert, comme il sied à des hôtes de marque, un riche *pilaw* de viande de chèvre, relevé d'oignons, de raisins secs et de cumin et arrosé de thé vert. Ravis d'échapper à l'ordinaire de notre propre cuisine, nous n'avons pas à nous forcer pour faire honneur au festin, malgré l'inconfort de notre position, serrés avec Ali et son fils aîné, Tewfik, sur l'unique *charpoy* de la maisonnée, dans l'atmosphère étouffante qui règne sous la yourte.

On mange en silence, au son d'une étrange musique bourdonnante – deux vieilles aux doigts crochus, m'explique Vera après y être allée voir, qui jouent de la guimbarde dans la yourte des femmes tandis que leurs compagnes nouent des points de tapis.

Après dîner, j'essaie – laborieuse affaire, vu les déficiences de mon lexique – de sonder nos hôtes quant à la valeur qu'ils accordent au gisement d'hématite remarqué tout à l'heure. Bizarrement, l'ocre leur apparaît moins comme du "rouge" que comme du "foncé" et comme une patine davantage qu'une couleur, s'insérant en bonne place dans toute une stratégie de vieillissement des choses (et peut-être des gens), avec la suie qui noircit au fil du temps le feutre blanc de la yourte nuptiale pour en faire la *kara uy*, la "chambre noire", fierté – avec leurs moutons *kara kyl* à la laine noire – des *kara halka*, les "gens du noir", comme aiment à se désigner les Turkmènes. Je suis ravi, un peu ému aussi, de trouver ces bergers aussi sensibles que nous-mêmes au charme d'une patine ancienne, au prestige des choses qui ont vécu, à la part d'ombre que le temps fait porter sur les êtres. Ils feraient de dignes archéologues, à peine trop enclins peut-être – mais c'est un peu la loi du genre – à se laisser contaminer par l'âge d'un vestige…

Du moins nos hôtes ne seront pas déçus de l'effet produit sur nous par leurs vastes tentes, même si nos questions – sur l'appellation de divers éléments et la destination des parties de l'intérieur – poursuivent un propos qu'ils ne peuvent soupçonner, et que moi-même, à vrai dire, j'ose à peine m'avouer : en relevant l'orientation des zones destinées aux hommes ou aux femmes, à l'accueil ou au sommeil, à la cuisine, aux réserves, aux trophées de chasse et à l'autel familial, c'est encore, à cinquante millénaires d'écart, le schéma régissant la distribution du mobilier funéraire autour de "notre" tombe que je tente d'élucider…

Mardi 28 mai

Très réussi, l'épouvantail d'Oleg Pavlovitch trône depuis cette nuit au milieu du site. Vive émotion de Vera Petrovna ce matin, à qui la pénombre, hier soir, avait masqué à quel point les proportions que notre ami a données à son simulacre évoquent à s'y méprendre la silhouette d'un Néandertalien !

Comme de juste, en quelque sens que je tourne mes diagrammes de la yourte d'hier et de l'aire funéraire, aucun recoupement n'apparaît, pas plus qu'avec le relief des abords immédiats du site, la rose des vents, l'anatomie d'un corps humain ou les orientations fastes ou néfastes de la géomancie chinoise – entre vingt hypothèses, moins plausibles les unes que les autres, que mon esprit retournait hier soir entre la veille et le sommeil en attendant de les éprouver sur le papier dès ce matin. En vain : quelle que soit la grille de lecture que je tente d'y superposer, les vestiges, quoique clairement groupés, échappent à toute structure – ou plutôt, ce qui est plus frustrant encore, semblent d'abord s'ordonner d'eux-mêmes avant qu'un fait soudain incompatible, puis deux, puis trois... fassent s'écrouler ma conjecture.

Regrettable manque de charité de mes collègues : tantôt Vera, découvrant les croquis épars sur ma table, me demande si mon thème astrologique m'annonce que je prendrai du café ou du thé ce matin ; tantôt c'est Oleg, apercevant les schémas fixés par du sparadrap aux parois intérieures de ma tente, qui lâche un vague "Kandinsky ?" avant de ressortir avec le rasoir qu'il venait m'emprunter... Vers la fin du déjeuner, tous deux en viennent à la conclusion que j'envisage d'installer un bain turc dans l'excavation, perspective qui nous jette tous trois dans un fou rire inextinguible. Mais déjà, une hypothèse inédite me venant à l'esprit en rapport avec le tracé de la rivière, je replonge sous ma tente pour essayer – sans plus de succès – cette autre clef !

Mercredi 29 mai

Nous poursuivons sur deux fronts, Vera Petrovna et Oleg Pavlovitch à l'œuvre sur la jambe gauche repliée tandis que j'entame le dégagement du fémur droit – le puissant fémur de coureur de fond du Néandertalien, si disproportionné par rapport au tibia courtaud que le défunt semble grandir sous nos yeux à mesure que sa vraie stature se fait jour.

Inévitablement, je repense au portrait grotesque (mais inoubliable hélas) que d'emblée on nous a tracé de l'homme de Neandertal : tête massive sur un corps mal dégrossi, faciès boursouflé, menton et front fuyants, museau prognathe, nez épaté, yeux globuleux sous l'épais bourrelet de l'arcade sourcilière... La monstruosité, pourtant, était toute dans le regard des archéologues d'alors – quoi que puisse dire à leur décharge le professeur Ossipenko, alléguant le pathétique de leur déconvenue : pauvres savants positivistes, à peine affranchis de la tyrannie du Père céleste et qui, grattant le sol en quête d'un ancêtre bien terrien, tombent sur cet "Adam" fossile à la carrure de portefaix et au mufle d'aborigène australien ! Ça, un homme ? Et de repousser avec dégoût tout soupçon de parenté, grossissant la caricature pour mieux nier qu'ils pussent être faits à l'image de celui-là : on préféra l'imaginer titubant, malhabile, renfrogné, muet même – tout, plutôt que d'avoir à se reconnaître dans un miroir si ingrat !

En un sens, on n'avait pas même tout à fait tort, puisque cet ancêtre n'était pas un *sapiens sapiens* : non un aïeul, donc, mais tout au plus un lointain grand-oncle : c'est du moins ce qu'on préfère nous enseigner aujourd'hui – sans que l'attitude foncière ait vraiment changé, du reste... Ce soir, Vera Petrovna nous traduit ce qu'Andor Thoma dit de la morphologie de Neandertal dans ses tout nouveaux *Eléments de paléo-anthropologie*, qualifiant systématiquement d'"archaïque", de "primitif" ou d'"incomplet" le moindre trait classique de l'ossature néandertalienne (mais se gardant bien de définir comme "moderne" la forme "en bombe" par où le crâne du Néandertalien innove, mieux que le nôtre, par rapport à *Homo erectus* !), et jusqu'à cette remarque risible sur la courbure du radius et du fémur, caractère que Neandertal "partage avec l'ours et l'hyène des cavernes" – mais il faudrait alors noter que le menton proéminent d'*Homo sapiens sapiens* nous renvoie aux félidés !

N'empêche que ce "paléanthropien"-là marchait droit, créait les plus beaux outils qu'on eût jamais vus et en était au même stade que notre seizième siècle quant à l'invention des sciences naturelles : celui du cabinet de curiosités où l'on recueille fossiles curieux et jolis cailloux ! N'empêche que ce "bas-de-crâne" savait penser et articuler assez de mots pour dire qu'un avorton, un vieillard ou un infirme n'en étaient pas moins des semblables demandant protection et que, par-delà la mort, il existait un autre monde, où la carcasse inerte d'un défunt revivrait pour toujours !

Les jambes longues, déliées
comme d'avoir beaucoup marché
jusqu'ici, de l'autre côté.

Jeudi 30 mai

Comme il nous en avait courtoisement demandé la permission l'autre jour, Tewfik, le petit-fils aîné d'Osman, investit l'autre berge de la rivière comme terrain d'entraînement pour se préparer au buzkashi, cette sorte de polo brutal qui réjouit les Turkmènes en hiver. Je crains qu'il ne lui reste fort à faire pour devenir le *chopendoz*, le champion que son clan espère : même sans adversaire pour le bousculer, il mord la poussière plus souvent qu'à son tour en voulant cueillir au sol la peau de mouton qui lui sert de "ballon" ou en enchaînant au grand galop des voltes risquées. Mais le spectacle est déjà impressionnant et je repense à la tempête du mois dernier chaque fois que, levant les yeux de "mon" fémur, je le vois débouler à fond de train, soulevant des giclées de sable ou traversant la rivière dans une gerbe d'éclaboussures.

Mais, lorsqu'il lance de sauvages *"Hallal ! Hallal !"* – "Le cercle, le cercle !" – pour saluer son retour victorieux dans le cercle de craie imaginaire qui est la "zone de but" du buzkashi, c'est à l'aire funéraire que ma pensée revient, à cette arène énigmatique dont je cherche en vain la clef – jusqu'au moment où il s'en repart vers les yourtes, fourbu, rompu par ses chutes, le visage et les bras noirs de sueur et de poussière mêlées, me laissant à mes vaines cavalcades topologiques.

Vendredi 31 mai

Parcourant mon journal des premières semaines, j'y tombe sur une note où je m'étonne déjà du site peu avantageux choisi pour cette sépulture. Aujourd'hui, exactement deux mois plus tard, je dois bien reconnaître que ce point nous demeure aussi énigmatique que la disposition des vestiges sur l'aire funéraire.

Or – c'est même la seule certitude – on a bel et bien *choisi*, de préférence à d'autres lieux plus commodes, ce coin au sol spongieux où il faudrait amener à dos d'homme les pierres de couverture ; on y est venu, de loin sans doute : aucune trace aux environs des trous de pieux ou des murets qui signaleraient un habitat même temporaire (lors de la remontée printanière des saumons, par exemple) ; et on y a creusé, des mois durant, quand ailleurs il eût suffi d'aménager un creux naturel du terrain.

Alors, pourquoi précisément ici ? Pour la présence vivante d'un cours d'eau, et parce que l'eau *revient* ? Pour la beauté naturelle du site ? Pour marquer quelque centre mythique ou bien un point frontière ? Aucune de ces conjectures ne s'appuyant sur un fait positif, je finirais presque par me rendre à la boutade de Vera Petrovna : "Ils l'ont mis là parce qu'ils savaient que nous l'y trouverions, pardi !"

Parce que, venant ici, nous ne l'aurions donc pu trouver ailleurs ? – ou parce que, *étant nous*, nous seuls pouvions venir creuser ici, et ne pouvions trouver que lui ?

Samedi 1er juin,
jour des morts

Oleg Pavlovitch, le premier, nous fait remarquer la date. Il n'a pas à préciser sa pensée : chacun de nous, je crois, songe depuis quelque temps déjà qu'il serait juste et pieux, en ce jour par exemple, d'offrir une espèce d'hommage à ce mort qui partage désormais notre vie. Mais quoi au juste ? Un éloge funèbre ? une danse en rond ? un sacrifice ? – et que lui sacrifier ? La question reste en attente…

Ou bien notre seule présence à son chevet est-elle, jugée à l'aune des millénaires qui nous séparent et du chemin parcouru à rebours, notre plus bel hommage, notre plus riche sacrifice ? Les petits-neveux revenant, en souvenir, pique-niquer sur la tombe familiale… Vera Petrovna, comme toujours, est la plus réticente à ce qui ne pourrait être, nous gronde-t-elle, qu'un simulacre de piètre aloi et une dérive fort peu scientifique ! Et pourtant, n'y a-t-il vraiment rien de cela dans notre studieux pèlerinage ?

Deux mille générations d'hommes depuis celui-là ! Aussi peu que les gens de Neandertal nous soient génétiquement apparentés, son sang devait couler, à la quinzième génération, dans les veines d'un ou deux milliers d'individus ; à la trentième, de plusieurs millions, et le chiffre actuel de sa descendance dépasse de si loin celui de l'humanité entière qu'il nous inclut sans l'ombre d'un doute – nous trois, Osman et son clan, le délégué uzbek, son collègue tadjik, le chauffeur du camion, ses acolytes et tous les autres, connus ou inconnus : mes lointains parents, grâce à lui retrouvés !

Saluons ensemble notre ancêtre !

Dimanche de Pentecôte,
le 2 juin

Sur un pan argileux courant de part en part sous la dépouille au niveau des fémurs que nous finissons de dégager, nos prudents coups de brosse révèlent l'aspect originel du fond de la fosse. Le sol y a été plus ou moins égalisé – non pas, comme on s'y attendrait intuitivement, en le damant sous le talon des fossoyeurs, mais bien en le raclant du bout des doigts, d'où les longues striures parallèles qui apparaissent encore par endroits. La brosse mise à part, leur geste et leur attitude n'ont-ils pas dû être les mêmes que les nôtres ? N'avaient-ils, eux aussi, cinq doigts, du temps devant eux et le désir de bien faire ? Où s'arrêtera au juste la part que, leur succédant ici, nous hériterons de leurs actions, de leur projet, de leur état d'esprit ?

Sillons et empreintes
de part et d'autre des cuisses ;
palper, griffer, lâcher, saisir
– tessons de gestes entourant la place
où les mains maintenant reposent.

Lundi 3 juin

Dégageant plus avant le lit d'argile afin de prendre un moulage des striures, Oleg Pavlovitch rencontre, au pied du versant oriental de la fosse, l'extrémité d'une corne de bouquetin de Sibérie, à la suite de laquelle apparaît bientôt le massacre tout entier, de belle taille, puis un autre, plus petit, sur lequel le premier est posé de guingois.

Songeant aussitôt à l'étonnante "couronne" de cornes de chèvres disposée dans la sépulture de Teshik-Tash, nous délaissons pour un moment le squelette afin de fouiller sommairement le pourtour de la fosse, mais sans plus rien trouver que des débris insignifiants.

Nous n'en sommes toutefois qu'à demi désappointés. Certes il eût été excellent de mettre au jour ici, à quelques centaines de kilomètres à peine de Teshik-Tash, un dispositif prouvant tout à la fois l'existence et la diffusion d'un rituel spécifique. Mais, entre deux sites fort dissemblables au fond (d'un côté, une tombe d'enfant dans un abri sous roche ; de l'autre, un adulte inhumé à découvert) les différences ne sont pas moins instructives : là-bas six massacres de chèvres soigneusement plantés sur les pointes des cornes ; ici, face au défunt, deux paires de cornes (mâle et femelle ?), dont le chevauchement trahit peut-être qu'elles formaient à l'origine, plus haut sur la paroi, seules ou combinées avec des éléments de cuir ou de matières végétales dissous par la suite, un assemblage dont la structure nous est hélas perdue à jamais – celle d'un trophée, d'un emblème, d'une idole cynégétique ?

Trophées de chasse,
dont tout indique qu'ils se voyaient
accrochés aux parois de la fosse,
dont rien n'exclut que dans leur chute seulement
ils prennent sens, au fond.

Mardi 4 juin

Nous entamons le dégagement du bassin, plutôt moins affecté que prévu par le basculement du corps, qui souvent fait s'émietter cette partie du squelette sous le poids de la terre. Rien de tel ici : sauf l'arête externe des hanches et le côté droit en général, l'état des ossements est inespéré, et l'os pelvien gauche, quasiment intact, confirme si besoin était le sexe mâle de la dépouille.

Je m'avise seulement aujourd'hui combien le nom turc sous lequel les bergers nous ont désigné ce vallon semble approprié à notre trouvaille d'hier : *Awçydere*, "le vallon du chasseur".

Et pourquoi pas ? D'un autre vallon déjà, que les bourgeois mélomanes de Düsseldorf avaient baptisé Neander ("nouvel homme") d'après le sobriquet hellénisant d'un *cantor* du nom de Neumann, ne devait-on exhumer plus tard le premier spécimen de l'homme de Neandertal ? Si ceux qui le trouvèrent en un lieu au nom si prémonitoire avaient cru aux coïncidences, ils se seraient épargné la peine de dénoncer d'abord ces restes "dégénérés" comme ceux d'un vagabond ravagé par l'arthrose et le rachitisme, voire d'un Cosaque tombé dans les guerres napoléoniennes : c'était bel et bien une "nouvelle" espèce d'homme !

Alors pourquoi pas, ici, un chasseur justement ? Et même un *grand* chasseur, digne aux yeux de ses proches d'être remémoré à la fois par cette puissante sépulture et par un lieu-dit voué – aussi incroyable qu'il paraisse, à travers une dizaine de peuplements successifs – à perpétuer son souvenir jusqu'à nos jours, ou à le faire resurgir, par un troublant hasard, dans la langue de ceux qui viendraient vivre ici cinq cents siècles plus tard…

Mercredi 5 juin

Dégagement du sacrum, très fragmenté mais presque complet dans sa partie médiane.

Je repense, guère plus avancé qu'il y a une semaine, à l'ensemble du dispositif autour de la fosse, et aussi au vieil Osman, que nous n'avons plus vu depuis cinq semaines : que lui inspirerait, à lui le traqueur de gibier, cette mise en scène funéraire dont, simple acheteur de viande au magasin Univermag, j'ai tant de mal à saisir la structure ?

Un chasseur enterré par d'autres chasseurs, pourvu de présents, de trophées, d'os brisés, indices de je ne sais quels rites empreints de la fière jactance de tous les Nemrods de la terre lorsque l'un d'eux s'en va, l'épieu brandi ou la carabine pointée, mener la traque dans l'au-delà…

Mais je songe aussi à la sépulture du fœtus de La Ferrassie, entourée de petits tumuli en quinconce renfermant outils, restes de gibier et dieu sait quoi encore – son viatique pour la vie d'outre-tombe ? Ses cadeaux pour ceux de là-bas ?

Je songe enfin à cet enfant inhumé à Qafzeh, aux mains levées serrant contre sa tête deux bois de chevreuil, comme pour jouer encore à un simulacre de corrida ; avec, sur sa poitrine, les fragments d'une coquille d'œuf, touchante image de la fragilité de vivre – ou bien de ce que mourir ici, c'est éclore ailleurs encore ?

Trois tombes et déjà, entre ces chasseurs pleins de mâle assurance, ces parents prévoyants et ces fossoyeurs poètes, un riche tableau moral de l'humanité : la foi conquérante, la prudence et le rêve, ces trois formes d'un même souci de l'avenir, ces trois portails de l'imaginaire vers l'au-delà… Que nous restait-il à inventer, hors la nostalgie et le pessimisme – le culte des passés révolus et celui des avenirs avortés ? Ou bien enterrer ses morts (et, davantage encore, enterrer un enfant), était-ce déjà cela aussi ?

Jeudi 6 juin

Vera Petrovna nous lit le long article d'un chercheur américain sur un site où voisinent les restes de chevaux et de bisons laissés par des chasseurs moustériens et les proies plus menues mais plus communes (cerfs et sangliers) de leurs successeurs *sapiens sapiens*. Ceci, conclut l'auteur, parce que, la population croissant, il fallut bien à ces derniers troquer la chasse à l'affût pour des "méthodes plus perfectionnées" : le rabattage et la construction de pièges !

Pauvre homme de Neandertal (et pauvre Osman !), toute leur science du gibier ainsi ramenée au rang d'une technique rudimentaire de gagne-petit ! Et c'est bien en leur nom que, outrés par ce schéma naïf, nous méditons une réponse vengeresse à ce *Yankee* incapable de voir, d'un système à l'autre, un changement culturel global, où la structure plus complexe des "tribus" et des échanges dicte et accompagne à la fois des stratégies de chasse plus collectives et des gibiers eux aussi plus grégaires ! Comme le formule joliment Oleg Pavlovitch, l'élevage et le commerce de boucherie ne seront plus que des perfectionnements : le grand *aggiornamento* était de renoncer, au profit de la quête méthodique de viande, aux périls, à l'ivresse et à l'ambiance mythique propres à la chasse au gros – qui resurgira, des millénaires plus tard mais inchangée, comme le sport des nobles.

Quant à moi, c'est autre chose cependant qui m'intrigue : le choix des armes – armes dont les premières traces apparaissent avec l'homme de Cro-Magnon et ses pointes de javelots, de harpons ou de flèches, quand Neandertal, si habile pourtant à créer les outils de pierre les plus divers, s'en est manifestement tenu, pour la chasse, à ses massues et ses épieux de bois. Par superstition ? Parce qu'un fossé infranchissable séparait à ses yeux, jusque pour le choix du matériel, la chasse et le travail du dépeçage ? Parce que, symboliquement, on n'immole pas un être vivant à l'aide d'une chose morte ? Nos trois hypothèses, au fond, se rejoignent : question de mentalité, de *Zeitgeist*, bien plus que simple ignorance des stratégies d'expansion !

Vendredi 7 juin

Dégagement très prudent de l'os iliaque gauche, à demi engagé dans le sol intact à la manière d'un soc de charrue.

Assez agacée par mes élucubrations autour d'un cérémonial de chasseurs, Vera Petrovna me fait observer ce matin que, pour ce que nous en savons, il a fort bien pu revenir aux femmes du groupe d'inhumer le mort, après tout ! Judicieux argument, mais dont la logique m'échappe sur le moment, frappé que je suis – au dépit et à la colère de Vera quand elle s'en aperçoit – par sa posture presque scabreuse, agenouillée le long des "cuisses" du squelette, la tête tout contre sa hanche gauche, tandis qu'elle déloge les derniers grains d'argile sous le rebord de l'os iliaque.

Je me fais pardonner mon impertinence, ce midi sous les pins, en racontant la pochade d'étudiants que nous avions montée à la faculté, sur un argument que la remarque de ce matin m'a remis en mémoire. On y voyait une banale scène de ménage dégénérer en guerre des sexes au sein d'une tribu magdalénienne, dont chaque membre rappelait comiquement un des professeurs de la section de préhistoire… Les femmes semblaient d'abord l'emporter, raillant les hommes d'ignorer ce que leur propre mère avait fait au temps où elle s'était isolée pour enfanter dans une caverne du voisinage. Sur quoi les mâles, très vexés, se lançaient dans une expédition de chasse pour démontrer à leurs épouses qu'eux aussi pouvaient, elles absentes, accomplir un acte non moins grave et mystérieux : tuer. Mais leur retour en fanfare tombait lamentablement à plat lorsque les femmes, impavides, leur dévoilaient les scènes de chasse qu'au fil des générations elles avaient peintes par jeu sur les parois de la caverne-maternité : ainsi, tant les fiers chasseurs que leur précieux gibier n'étaient que les figures animées du grand spectacle magique

que les femmes s'offraient pour leur divertissement !

Je me trompais pourtant en m'imaginant que cette anecdote ferait oublier à Vera le malentendu de ce matin. Ce soir après dîner, comme je la remercie d'avoir obligeamment recousu un accroc à ma tente, elle me lance avec un doux sourire : "Mettons que ce soit mon côté Neandertal !" – remarque si déplacée de sa part qu'Oleg Pavlovitch et moi la comprenons à demi-mot comme une discrète mise en garde : ne sommes-nous pas tous deux, emportés par l'ambiance de cette tombe, en train de verser dans une "néandertalophilie" assez suspecte ?

C'est une chose de se dépeindre Neandertal, d'après ses proies et ses sépultures, comme une brute au cœur tendre, aussi hardi devant les fauves qu'affectueux au coin du feu – et, par contraste, l'homme de Cro-Magnon notre propre ancêtre comme un tâcheron de la survie, pusillanime mais efficace, solidaire (et collectiviste !) par calcul. C'en est déjà une autre de se figurer la disparition de l'un et la fortune de l'autre dans les termes du meurtre d'Abel par Caïn. Et c'en est une troisième – dont je ne sais où elle nous entraînerait – d'analyser toute l'aventure humaine en termes d'emprunts culturels à la "douceur" moustérienne luttant contre la résurgence de vils atavismes cromagnonnesques !

Sans doute… Pourtant, je sais qu'Oleg et moi nous défendons mal de l'impression que, si venir ici était peut-être une attention de Néandertalien, profaner cette sépulture ressemble bien plutôt à un comportement de Cro-Magnon *sapiens sapiens* !

Mais Vera songeait en fait à tout autre chose encore, et de plus audacieux : et si tout le contraste qu'il nous semble observer entre ces deux humanités du Paléolithique, poursuit-elle, venait de ce que l'homme de Neandertal nous apparaît, en raison même de son mode de vie, à travers le témoignage de la *femme* de Neandertal ? Si ces pieuses sépultures, ces pierres savamment taillées, ces conduites presque métaphysiques reflétaient seulement ce qui se mûrissait entre femmes sous l'abri familial, pendant que les mâles traquaient le fauve par monts et par vaux – guère plus "sentimentaux" et "délicats" que n'importe quel trappeur piégeant aujourd'hui encore la zibeline dans la taïga sibérienne, tandis que son épouse brode, cuit des gâteaux et lit les Evangiles aux enfants dans l'isba familiale ?

Et s'il nous fallait voir, insiste Vera, depuis toujours et jusque sous nos yeux (est-ce au chasseur sibérien qu'elle songe, ou bien à nous trois ?), deux cultures en fait : l'une féminine, sédentarisée par les maternités, domestiquée par les routines du foyer et civilisée par l'artisanat – et l'autre, la virile, si tard issue de la sauvagerie et si mal apprivoisée à la vie de famille qu'on lui discerne encore aujourd'hui, jusque dans la patrie du socialisme fraternel, des goûts de gloriole et des mœurs agressives mieux adaptés à la traque du mammouth qu'aux travaux des champs, aux besognes d'atelier et à la coexistence urbaine !

Impressionné par cette théorie peu ordinaire, mais davantage encore (comme ce matin, en un sens) par le ton passionné du plaidoyer, j'échange avec Oleg un regard médusé mais séduit : on nous a changé notre sévère Vera Petrovna ! Puis nous nous dévisageons longuement tous trois, sans un mot : n'avons-nous pas *tous* beaucoup changé ?

Samedi 8 juin

L'opérateur de la station de Termez nous contacte ce midi pour expliquer le retard du camion de ravitaillement qui aurait dû nous visiter avant-hier matin. (A vrai dire, nous ne nous en étions avisés qu'en fin de journée, mi-étonnés, mi-soulagés de n'avoir pas été dérangés dans notre travail – et, en tout cas, pas assez inquiets pour demander des nouvelles par radio.)

Nous apprenons ainsi que chauffeur et véhicule ont disparu depuis trois jours, probablement en rapport avec l'attaque en règle et le pillage subis par des archéologues occupés sur un monastère bactrien près de Shahr-Tuz, trente kilomètres au sud d'ici – site que le même chauffeur était également chargé de ravitailler. Il paraît qu'il y a un mort et plusieurs blessés graves parmi les chercheurs et que les dommages scientifiques sont considérables.

Le temps de signaler la bizarre visite que nous-mêmes avons reçue le mois dernier, je rassure l'opérateur : pourvus de vivres en suffisance et n'attendant aucun courrier urgent, nous tiendrons sans problème jusqu'au passage du camion de réserve, annoncé pour mercredi prochain.

En fait – réaction sans doute très puérile – nous nous sentons plutôt rassurés : nos fouilles, semble-t-il, n'ont rien livré d'assez spectaculaire pour allécher les trafiquants d'antiquités. Hors l'alliance d'Oleg Pavlovitch, jamais retrouvée, pas trace d'or sur ce site, mais des cailloux et des os guère différents en somme, pour le commun des mortels, de ceux qui jonchent la steppe un peu partout. On doit nous trouver bien sots d'aller creuser si profond en quête de si peu !

Venues au jour à l'improviste, en début d'après-midi, alors que nous exhumions les vertèbres lombaires, les phalanges de la main droite forment d'abord un puzzle insoluble, jusqu'à ce que le geste de ma propre main, cherchant par en-dessous à déloger un nodule d'argile, suggère à Vera Petrovna – devenue très attentive au moindre de nos gestes depuis l'incident d'hier ! – la clef de l'énigme. Les doigts, avant que le tassement du sol en disjoigne les éléments, ont dû se présenter recourbés contre le flanc de la dépouille, crispés au creux de la paume ou bien serrant quelque objet de bois ou de cuir dissous par la suite : le manche d'une arme, une amulette ? Ou seulement la douleur et la surprise que, de cette ultime chasse, la proie soudain se torde ici, au creux du flanc ?

Dimanche 9 juin

Comme le laissait prévoir la position latérale du défunt, la robuste cage thoracique du Néandertalien s'est disloquée, en glissant sous le poids de la terre, en une mosaïque de débris osseux très dégradés, sertis dans une gangue de terre noircie par la décomposition des tissus. Le travail se ralentit encore, ponctué de longues discussions pour l'identification et la numérotation de chaque fragment. En fin de journée, nous perdons deux heures à installer un système de réflecteurs pour compenser la lumière naturelle déclinante, avant de nous aviser que nos miroirs transforment la fosse en fournaise. A sept heures, tous trois en nage, nous renonçons.

Impression, détestable vraiment, de fouir dans la carcasse d'un mort. Tant qu'il ne s'agissait que des membres, tout s'étalait à plat comme une image à peine en léger relief. Ici, le corps acquiert une épaisseur, la terre prend une texture de chair et nous-mêmes, hélas, l'allure de charognards déchiquetant leur provende. Il faudra se faire à l'idée : nous ne dévorons plus nos morts, mais n'avons jamais été aussi peu affranchis du besoin de nous en nourrir !

Lundi 10 juin

Poursuite du travail sur la cage thoracique, ôtant la terre grain par grain entre les côtes disloquées pour atteindre, quelques centimètres en dessous, les vertèbres.

En même temps que se précise ainsi la silhouette du défunt – un homme dans la force de l'âge, plus grand que la moyenne et puissamment bâti, marqué par plus d'un accident mais exempt jusqu'ici de toute infirmité permanente –, un large biface d'obsidienne, affectant vaguement la forme d'un cœur, apparaît entre les côtes, comme logé à l'intérieur de la poitrine.

L'origine doublement exotique de cet objet (l'obsidienne est inconnue dans la région, et le travail est nettement acheuléen) évoque inévitablement une bataille rangée contre un envahisseur de culture plus archaïque. Mais, objet trouvé, fruit d'un troc ou butin d'un pillage, le biface pourrait être tout cela aussi bien, autorisant maintes interprétations dont le meurtre n'est que la plus romanesque et la moins probable à la fois : quoique la dépouille ne montre aucune autre trace de préparation, rien n'indique si l'objet fut la cause du décès ou s'il a pu être placé là après coup (ou simplement posé sur la poitrine, d'où il aura glissé ensuite vers l'intérieur), dans une intention rituelle qu'il faudrait alors imaginer liée à sa forme. De là à échafauder tout un symbolisme autour de ce "cœur de pierre" pour affronter l'au-delà…

En fin de journée, le jour baissant, je reprends le travail sur le bras droit, partant du poignet, tandis qu'Oleg Pavlovitch, sur l'autre flanc, cherche à repérer la position du bras gauche.

Une main serrée sur la poitrine
dans le geste de tenir
ce que les côtes ne pouvaient plus :
l'amulette est restée.

Rumeur vague vers la gauche
comme d'un pas pressé
dans la région du cœur.
De suie et de cendre, légers vestiges
du feu vestal sous la cuirasse.

Mardi 11 juin

Cuisant souvenir de la longue séance de travail d'hier, je m'éveille avec un fort lumbago, qui empire dès que je me remets à dégager les vertèbres du squelette : je ne sais bientôt plus si c'est mon propre dos ou le sien qui m'arrache des gémissements de douleur ! Après une demi-heure à peine, je dois me résoudre à regagner mon lit de camp, poursuivi, dans un demi-sommeil traversé de pénibles élancements, par l'étrange image de mon échine endolorie comme un chapelet de débris osseux dispersés sur le fond de la fosse, me demandant si Vera Petrovna parviendra à y remettre de l'ordre…

Pour une fois, ce soir c'est moi qui fais la lecture à mes deux camarades épuisés. Leur rappelant que nous n'avons toujours aucune idée de la raison qui a fait édifier la sépulture en ce point précis du vallon, je choisis le chapitre où Leroi-Gourhan expose, peut-être trop schématiquement, que les cultures de chasseurs-cueilleurs nomades ne conçoivent leur territoire que comme un écheveau de trajets, de pistes, de traces rayonnant en étoile autour du refuge, origine et point final de tous les parcours ; avec les premiers agriculteurs sédentaires seulement s'imposent la notion de surface homogène et la vision du territoire comme un cosmos tracé en cercles concentriques autour du couple grenier-temple (le milieu de la terre et celui du ciel).

Pour Vera, la conclusion est claire : hors du refuge, point de "centre mythique" possible ; notre chasseur n'a donc pu être inhumé que tout bonnement là où il est tombé. Pour Oleg Pavlovitch, à l'inverse, un territoire fait de parcours assigne aux points où les trajets se recoupent, pour franchir un col ou – comme ici – un gué, la même valeur spéciale qu'on voit encore à nos carrefours, que signalent ici une croix, une chapelle, là un cairn… ou un tombeau.

Mais je n'écoute que distraitement leur discussion, songeant à part moi qu'avec tous mes plans et mes diagrammes de l'aire funéraire je m'obstine peut-être à la voir selon une géométrie étrangère à l'esprit de ses constructeurs : l'idée directrice, ne faut-il pas s'attendre plutôt à la trouver codée, comme en un labyrinthe, au fil de l'enchaînement de pas, de voltes et de stations d'une de ces danses circulaires, typiques depuis toujours du monde des chasseurs ? Mais comment deviner – moi qui n'ai jamais rien chassé de plus formidable qu'un moustique – de quel point il me faudrait partir, en quel sens me tourner et sur quel rythme danser ?

Mercredi 12 juin

Encore une nuit très longue, à examiner sous tous les angles, après y avoir reporté la position du "cœur" d'obsidienne au centre du dispositif, les schémas de l'aire funéraire qui tapissent les parois de ma tente. Les *Vers composés une nuit d'insomnie* de Pouchkine trottent sans cesse dans ma mémoire comme un tic-tac obsédant :

Nuit de veille sans lumière.
Tout est sombre, tout sommeille.
A mon chevet, monotone,
Le refrain de l'horloge...

Qu'attend-il que je lui dise ?
Que veut-il ? Qu'annonce-t-il ?
Et je m'use à déchiffrer
Le sens secret de ce bruit.

Au matin, visite du camion de ravitaillement. Nous retrouvons avec plaisir notre premier chauffeur, Sacha, à peine assagi par son accident de l'autre fois et plus loquace que jamais : bientôt nous n'ignorons plus rien de la mésaventure de nos collègues de Shahr-Tuz, heureusement moins grave qu'on ne nous l'avait fait craindre – sinon qu'un des chercheurs, sous le coup de la surprise, s'est bel et bien rompu le cou en basculant au fond de la ruine qu'il finissait d'exhumer (ce qui reste une belle mort pour un archéologue : ne rêvons-nous pas tous, certains jours, de passer de l'autre côté de l'"horizon" de nos fouilles ?).

Quant aux agresseurs, affirme Sacha avec un clin d'œil, aucune trace : bandits tchétchènes selon les autorités civiles, commando de moudjahidines afghans selon les militaires – mais, dans le bazar de Termez, on murmure que les malfrats, venus de la base aérienne voisine, ne cherchaient qu'à effrayer ces "touristes" dont l'intrusion gênait la surveillance du secteur frontalier !

Au départ du camion, il fait déjà trop chaud pour reprendre le travail ; le temps de mettre les rations de vivres à l'abri, nous nous réfugions sous les pins de la crête pour ouvrir le courrier. Vera Petrovna apprend le décès d'un oncle – et j'ignorais qu'elle avait un oncle ! Sa fiancée écrit à Oleg Pavlovitch – et j'ignorais qu'il s'était vraiment fiancé... Et eux, que savent-ils de ma mère, de ma passion pour Pouchkine, de ce coin de jardin ouvrier à Lahta où mon chat repose dans une sépulture à la mode moustérienne ? Que soupçonnent-ils même de ce journal, de mes doutes, des émotions qui certains soirs me reviennent sous l'habit d'un poème ? Nous sommes des étrangers les uns aux autres. Notre unique lien est un mort dont nous savons moins encore. Mais, puisque de soi-même on sait à peine davantage, tout ceci, je suppose, est dans la règle…

Jeudi 13 juin

Après midi, l'humérus gauche apparaît enfin, plus haut que nous ne le cherchions hier – levé, ai-je songé, comme pour une bénédiction : ne nous prosternons-nous pas autour de ce squelette comme trois novices accroupis auprès d'un starets, voire comme Marie, Joseph d'Arimathie et l'apôtre favori se prosternant au "lieu du Crâne" ?

Et lui, l'hôte de cette tombe, qu'eût-il fait en rencontrant une sépulture pareille à celle-ci ? Je ne puis croire que, reconnaissant la tombe d'un semblable, il eût passé son chemin sans au moins un geste, un regard, une pensée – sans lui poser, tout comme nous-mêmes, une question…

Net désaccord de Vera Petrovna, avec qui j'en discute ce soir : affabulation gratuite, vitupère-t-elle, ou alors naïve projection du questionnement scientifique qui est l'objet de notre présence ici ! Et pourtant non, lui fais-je voir : l'idée même d'ensevelir un mort est absolument solidaire d'un tel geste, d'un tel regard, d'une telle pensée ; et celle-ci ne peut consister qu'en une question ; et il n'est pas deux questions qu'un humain, quel qu'il soit, puisse se poser face à un mort, mais seulement ceci : ce mort, qui fut un homme comme moi et le demeure dans l'au-delà (sinon, à quoi bon l'inhumer ?), qu'est-il devenu ? Et de moi, qu'adviendra-t-il lorsqu'à mon tour je serai mort ?

"Qu'une telle pensée ait dû l'effleurer, finit par admettre Vera, ce n'est pas improbable ; mais que ce fût la seule question possible, non ! La preuve : nous-mêmes en posons bel et bien une autre !

— Une autre vraiment ? – ou précisément la même, sans autre différence de lui à nous que l'échelle à laquelle, lecteurs de tous les livres écrits en quatre millénaires par des hommes de tous les horizons, nous concevons notre "clan" et son corpus de tradition ? Pour celui-là, le souvenir d'un défunt, un proche, un semblable – pour nous, l'histoire de l'humanité. Pour lui, la question de son futur personnel, dans l'au-delà – pour nous, celle du sens de la trajectoire humaine, de son destin ébauché et de la figure qu'elle suggère pour l'avenir."

De nous autres, soudain survenus
ici où il repose depuis presque toujours,
ou de lui, surgi du fond des âges
jusqu'en notre bref aujourd'hui,
qui a fait le plus long voyage,
qui le plus mystérieux chemin ?

Lequel est l'étranger, en ce jour
et ce lieu que nous rallions ensemble,
soudain voisins, enfin contemporains
– en ce point de sa mort et ce point de notre vie
où pour lui comme pour nous
c'est la première et la dernière fois ?

Vendredi 14 juin

Toute la journée, centimètre par centimètre, nous finissons de dégager l'extrémité dorsale des côtes et les vertèbres, quelques-unes encore en connexion anatomique.

D'heure en heure maintenant, presque de minute en minute, se précise le vrai caractère de ces gestes retenus, de ces attouchements précis, de ces attentions que nous prodiguons autour de chaque segment d'os émergeant de la gangue : gestes de serviteurs qui s'activent, avec humilité et savoir-faire, pour oindre et doucement masser les membres du seigneur qui tout à l'heure va frémir, soupirer, s'éveiller et aborder, en majesté, sa nouvelle journée.

Ou bien est-ce autre chose encore ?

Comme, trouvant Vera Petrovna perdue en contemplation devant le squelette à demi dégagé, je remarque en plaisantant qu'elle semble avoir trouvé enfin l'homme de sa vie, elle se retourne d'un bloc et, mi-enjouée, mi-agacée, me rétorque tout à trac : "Et toi, mon cher ? Serais-tu venu ici si tu avais connu ton père ?" Nous rions tous deux, et pour la même raison : parce que l'un et l'autre nous avons touché juste.

Vera ne s'est pas mariée, n'a pas d'ami officiel ni d'amant régulier ; à Novaïa Derevnia elle vit seule avec une vieille tante, trois chats et un gros chien qui est de toute évidence le maître de la maisonnée. Impossible qu'il n'y ait aucun rapport entre tout cela et sa carrière – de chercheur et de paléontologue précisément –, et donc sa présence ici.

Et moi ? Tant de fois je me suis demandé si je n'ai pas choisi ce métier de fouisseur de vestiges dans la pensée que la dépouille de mon propre père gît probablement quelque part, ignorée, sous la terre d'un champ de bataille du côté d'Olsztyn… Depuis toujours, toutes mes réponses à cette question furent évasives ; est-ce vraiment parce que le temps nous presse, ou bien parce que d'y répondre aujourd'hui ferait affleurer un fantôme de trop, que je renonce à la formuler et me remets de plus belle à l'ouvrage sur l'extrémité apparente d'une clavicule ?

Au frère d'aventure,
au compagnon sur la terre
revient qu'à tout jamais le défunt disparaisse ;
à l'épouse et au fils par la chair
revient que sans fin il demeure et renaisse.

Samedi 15 juin

Tandis que Vera Petrovna dégage le bras droit jusqu'au niveau du coude, Oleg Pavlovitch et moi reprenons l'ouvrage sur les deux segments du bras gauche, remarquablement intacts jusqu'ici.

Je songe à Elena Ossipova, mon institutrice, qui le matin nous lisait Pouchkine et, l'après-midi, nous racontait comment la steppe et les marais avaient tour à tour buriné et modelé nos ancêtres jusqu'à produire le peuple russe – bien avant que, recuits par le soleil des étés et raidis par les hivers lunaires, leurs descendants aient fini par tout oublier de ce lent devenir, s'imaginant avoir toujours été tels qu'ils se voyaient enfin : des paysans semés dans la boue noire de chaque dégel afin de rentrer les moissons de l'automne suivant.

Mais dans chaque beau vers de Pouchkine, nous inculquait Elena Ossipova, il court encore le souffle du vent sur l'herbe de la steppe et il flotte une part du silence des marécages.

Elle lisait, les yeux sur nous par-dessus ses lunettes, sans un regard vers le livre ouvert devant elle. Plus tard, lorsque j'ai lu Pouchkine, je n'y ai retrouvé aucun des grands vers qui m'avaient fait frémir, incapable peut-être d'éprouver encore – à quel autre signe me fier ? – mon émotion d'alors.

J'ai voulu être instituteur à mon tour et enseigner l'histoire : nommer, pour des élèves voués à peupler l'avenir, les aventures du passé – certain qu'ils oublieraient, mais comptant qu'il leur en resterait une forme de conscience, diffuse mais prenante, que si le passé avait su produire sens et beauté, alors on pouvait en espérer autant de l'avenir.

C'était en somme, fût-ce par un détour qu'elle ne pouvait comprendre, répondre à la vibrante foi socialiste de ma mère. Les discours à la radio, les affiches placardées à l'arrêt de l'autobus et les slogans diffusés par haut-parleur dans les ateliers de la filature lui avaient persuadé une fois pour toutes que la grande œuvre – celle dont les gens d'autres pays, mal gouvernés par des possédants bornés, avaient à peine idée, et qui à nous se trouvait offerte – était de forger le présent.

Certes les bobines qu'elle empilait dans des casiers à l'usine n'évoquaient guère cette tâche exaltante : un de ces labeurs auquel il fallait bien que les uns se plient pour en décharger d'autres, plus nécessaires sur le grand chantier national. Mais qu'un homme jeune, en bonne santé et instruit, veuille se dérober à l'effort général pour aller se pencher sur des pots ébréchés et des bouts de cailloux (puisqu'ainsi elle imaginait l'occupation d'un préhistorien), cela lui semblait le signe, sinon d'une maladie de l'esprit, du moins d'une grave faiblesse.

J'eus beau lui expliquer, l'ayant lu dans un manuel, que rien de grand ni de haut ne se bâtit sans des fondations larges et profondément ancrées : que n'allais-je donc, me grondait-elle, faire précisément cela sur le chantier de tel grand barrage dont parlaient les journaux ? J'eus beau évoquer, une autre fois, le devoir de mémoire envers les ancêtres fondateurs ; elle songea à mon père mort à la guerre pour défendre la grande œuvre révolutionnaire, à son propre père luttant dans les usines afin de la permettre, à son grand-père qui en rêvait et mourut sans l'avoir connue – au-delà, elle ne put ou ne voulut remonter. J'eus beau enfin lui démontrer qu'avant les tsars, les khans et les princes varègues, le peuple russe avait vécu d'autres vies, osé d'autres actes et rêvé d'autres rêves, tourné déjà vers un progrès qui passerait un jour par nous et nous inspirerait, à la lumière des leurs, des vies nouvelles, des actes neufs, des rêves plus inouïs encore – rien n'y fit : pour autant même que le pays demandât à être réformé encore (ce sur quoi elle avait ses doutes), l'avenir était devant, et le passé derrière, voilà tout !

Et pourtant, lorsque face à un présent qui manquait à parts égales de charme et de véracité, il m'avait fallu choisir, c'est vers l'histoire que je me tournai – et, à chaque nouvelle bifurcation, vers la recherche plutôt que l'enseignement, vers le terrain plutôt que le musée, et toujours vers le passé le plus ancien, le plus enfoui : vers l'archéologie et ses pots ébréchés, puis vers le Paléolithique et ses vestiges dérisoires.

Instituteur, en quelque sorte, je le suis néanmoins devenu, moins par fidélité à Elena Ossipova qu'afin de maintenir en vie l'élève heureux que je fus auprès d'elle. Et si je suis mon seul élève, je vibre encore quand je me lis à moi-même (tout en sachant qu'un jour je ne les reconnaîtrai plus) de beaux vers de Pouchkine

– et, toujours pénétré d'émotion devant ce que j'apprends du passé, je m'avance, quoique à reculons, vers l'avenir et vers une mort que j'espère belle et dotée de sens.

Celui que nous exhumons ici, cet homme de bien avant Pouchkine et les écoles, entretenait-il déjà comme moi quelque notion d'un devenir, cette émotion face au passé et cette foi en l'avenir ? Ou se concevait-il, tels les paysans de la vieille Russie, pareil depuis toujours et à jamais ? A vrai dire, on n'en sait rien, et n'ose guère deviner. Comment retraverser, si longtemps après, le silence des marais et remonter le cours du vent des steppes ? Moitié de moi, par scrupule d'instituteur, concédera donc que sans doute l'homme de Neandertal ignorait le sens du temps et se voyait, à l'égal de son monde, comme un phénomène saisonnier – la pousse d'un printemps, la gloire d'un été, l'otage d'un automne, la victime d'un hiver, recommencé à l'identique à chaque passage du cycle des générations. Mais l'autre moitié de moi, fidèle à son émotion d'élève, voudra croire malgré tout que cet être de bien avant l'histoire baignait déjà, même confusément, dans une ambiance de lent devenir, porteur de cet attachement au passé dont je suis le vestige et de cette foi en l'avenir dont je suis l'héritier.

Moi-l'élève et moi-l'instituteur, chacun pour ses raisons, nous avons fait ensemble le long voyage jusqu'ici : l'un, pour mesurer tout ce qui nous sépare de cet homme-là ; et l'autre, pour simplement m'émerveiller qu'en ce temps-là déjà on lui ait voué une sépulture, cet hommage de l'être du présent à celui du passé, au nom de ceux de l'avenir.

Un homme peut-il vivre sans songer à cela ? Peut-il être un homme ? Que m'en dirait le vieil

Osman, qui lui aussi ignore Pouchkine et les institutrices ? Même lui, je suppose, en ce monde nomade où années et générations se suivent sans guère de changement, devine que ses aïeux n'avaient pas un fusil afghan comme le sien, et sans doute soupçonne-t-il qu'un jour ses descendants fréquenteront une école et en reviendront riches d'un savoir-faire dont lui n'a pas idée, qui leur permettra de viser mieux à la chasse, de rassembler plus aisément le cheptel divaguant dans la steppe ou que sais-je encore... Ainsi rendus plus efficaces, en seront-ils plus heureux – ou simplement plus affairés ? En tout cas ils seront *différents*, comme lui de ses propres aînés tels qu'il les vit dans sa jeunesse.

Est-ce être tout à fait un homme que d'ignorer cela ? Peut-on seulement, sans rêver à cela, *devenir* un homme – ou bien l'homme de Neandertal ne nous a-t-il frayé la voie, à Osman et moi-même, qu'à contrecœur et par inadvertance, transformé sans comprendre en ce qu'il n'avait ni voulu, ni espéré, ni même entrevu ?

Nous creusons, conscients d'une ignorance à laquelle nos fouilles espèrent remédier et tendus vers le savoir nouveau que nous en escomptons. Creusant vers le passé, c'est encore l'idée d'un progrès qui nous mène, d'un avenir plus riche de son propre passé, d'une vieillesse nourrie de plus de souvenirs, d'une mort ennoblie par sa haute naissance.

Et eux, qui bien avant nous creusèrent ici une première fois ? Eux qui inhumèrent, peut-être pour pouvoir l'oublier, celui que nous cherchons à exhumer afin de nous en souvenir ? Eux qui refermèrent si soigneusement le trou qu'ils avaient creusé (non sans y avoir laissé quelque chose : un des leurs), alors que nous autres sans doute le laisserons béant et vide de la dépouille d'un parfait inconnu...

Dimanche 16 juin

Toute cette journée encore, tandis que nous continuons d'exhumer les bras du squelette, visages et présences se pressent à mon souvenir. Je ne m'étonne pas de voir mes amis de jadis, mes camarades de la faculté et mes compagnons d'aujourd'hui s'y fondre en un vague arrière-plan, loin derrière les figures de ma mère, d'Elena Ossipova, du professeur Ossipenko, du vieil Osman – et, seul sans visage parmi ce défilé d'"anciens", l'hôte de la sépulture lui-même.

Depuis toujours, il est vrai, je me sens plus à l'aise dans la compagnie des vieilles gens : "jeune, j'aimais le temps", a dit un poète français – et, comme j'y songe, je me souviens que c'est avec *Homo sapiens sapiens* seulement que les morts, dans les sépultures, apparaissent repliés, ligotés, serrés dans une cage de dalles de pierre, témoignage de la méfiance ou de la crainte des fossoyeurs... Rien de tel chez Neandertal : cet homme-là chérissait ses défunts, ses vieillards, ses infirmes, tout comme moi-même aujourd'hui je jouis de sa présence à *lui*, par-delà son incommensurable ancienneté, et malgré ce paradoxe dont je commence seulement à me pénétrer : à quarante-huit mille ans de distance nous avons très probablement le même âge à peu près – moi en ce printemps de la steppe qui s'apprête à céder devant l'été, lui arrêté à jamais dans la saison immuable des morts.

Sans visage ? Il n'en a plus besoin, n'ayant plus à être *quelqu'un* pour personne ; quant à moi, je me contente d'éprouver, posé sur moi du fond des âges ou du fond de mon âge, ramené du fond de la terre qui tous deux nous a modelés et nous recueillera, son seul regard empreint de tendresse et de confiance – celui que depuis toujours les aînés posent sur l'enfant qui vient apprendre auprès d'eux à "aimer le temps".

Comment ai-je pu presque douter, hier encore, que Neandertal ait eu l'idée d'un temps linéaire, unique et sans retour ? – lui le premier qui à travers un rite funéraire cultivait la présence de celui qui avait cessé d'être et lui dédiait un séjour où vivre sa mort ! Mieux même : cette idée-là, lui le premier à enterrer ses morts, n'en fut-il donc l'inventeur ? Peut-on songer au passé révolu autrement qu'à travers un défunt, et au vertigineux avenir autrement que face à l'idée de mourir ?

Pourquoi ensevelir un mort, si ce n'est de se savoir mortel soi-même et voué tôt ou tard à devenir à son tour l'égal de ce mort qu'on enterre aujourd'hui ? Et comment accomplir cela sans deviner en même temps ceci – cet engloutissement sans fin du présent dans le passé sans lequel rien ne vaut la peine qu'on s'en souvienne, cette précarité de l'instant qui fait tout le prix de vivre, cette angoisse immédiate de n'être bientôt plus, vertige contre lequel les croyances, l'art, le désir de bâtir et celui de comprendre – tout l'humain en somme – sont autant d'admirables et de pathétiques remparts ?

Neandertal, au fond, est peut-être bien le *premier* homme, et son tombeau, paradoxalement, son acte de naissance en tant qu'homme – son berceau posthume, pour ainsi dire : de le voir vivre sachant qu'il va mourir, je sais que l'homme est né, Adam chassé du paradis originel de l'animalité insouciante pour s'être éprouvé mortel. Mais *naître en mourant*, n'est-ce pas aussi ce que racontent, dans le langage du mythe qui est le seul approprié pour cela, les Evangiles ? Je regrette presque qu'aucun de nous trois n'ait songé à emporter une Bible…

La main gauche apparaît, étendue sur le dos. Cette tenue des mains, telle qu'on peut l'imaginer avant le tassement des phalanges, est frappante : la gauche largement ouverte, paume vers le haut – la droite rabattue, comme crispée sur on ne sait quoi.

Mise en scène funéraire, une main présentant l'offrande, l'autre serrant un viatique ? Réflexe d'agonisant, résumant les gestes d'une vie : d'une main explorant, de l'autre prêt à frapper ? Ultime attitude, à l'instant de passer – d'une main se raccrochant quand l'autre déjà relâche ? Tout est possible, rien n'est dit…

Et quelle langue parlait-il au juste ? La même qu'avec nous peut-être : par l'attitude, à certains gestes, pointant vaguement tel objet, plus ou moins près, plus ou moins loin : assez pour conclure l'échange entre ce qu'on peut bien laisser et ce que l'on désire en retour.

Mais je ne puis douter, ce soir, que l'homme de Neandertal, d'avoir entrevu ce temps aussitôt jalonné de ses espoirs et ses regrets sans fin, de ses craintes et ses souvenirs, ait possédé aussi un vrai langage. Non pas une vague parole, tissu d'interjections et d'onomatopées – mais une de ces vieilles langues de "primitifs", pauvres en lexique mais à la grammaire infiniment subtile. (Ce n'est pas en finesse que les langues gagnent avec l'âge, c'est en économie – en "logique", disent-elles en vieillissant.) L'idée du temps et le langage discursif ont dû naître de concert, chacun à la fois la condition et l'attribut de l'autre, et ceci la consolation de cela – le moyen d'assigner un nom permanent à ce qu'on sait éphémère, de dire encore ce qui n'est déjà plus et de nommer son ignorance de ce qui viendra demain. En quelque langue que ce fût, d'emblée il a *dû* pouvoir penser et dire tout cela, comme je le fais maintenant et comme bientôt on pourra dire, usant pour lui et moi du même passé (quoique sa race soit éteinte et que la mienne persiste encore), que l'un et l'autre nous l'avions deviné.

Lui et moi, quoiqu'il m'ait précédé,
d'une même espèce depuis toujours,
bientôt parfaitement égaux,
déjà contemporains.

Lundi 17 juin

Nous finissons de dégager le squelette des bras, nos réflexions s'attardant autour de la position contrastée des deux mains, leur imaginant mille gestes possibles, dans ce moment entre la vie et la mort, sans pouvoir décider en quel sens il convient de les considérer : dernier mouvement d'ici-bas, ou première attitude, tourné vers l'au-delà ? Souvenir déchiré ou attente confiante ? Geste d'adieu, geste d'accueil ?

Après un temps – très bref : quelques mois au plus –, plus rien ne se lit de l'élan de vivre ni de la surprise de mourir : nuances révolues, ne laissant que le noyau manifeste, la certitude d'une présence.

Rayonnement fossile de la mort,
effaçant tout ce qui a précédé
– comme sa tombe ici
a bouleversé le feuilleté ancien des sols
– comme nous-mêmes bouleversons ici,
sans l'entendre, l'histoire de sa mort.

Mardi 18 juin

Je crois tenir enfin la clef qui explique l'agencement des vestiges autour de la tombe – et je la dois au vieil Osman, venu tout exprès jusqu'à notre campement cet après-midi pour m'offrir une gibecière en cuir de bouquetin, pareille à la sienne dont je lui avais fait compliment pendant une de nos excursions. Superbe présent, qui a bien dû lui coûter deux journées de travail – et pourtant presque oublié déjà, à ma courte honte, au regard de l'idée dont sans le savoir il me fait cadeau l'instant d'après, en s'expliquant de son absence de sept semaines.

Non pas, se récrie-t-il, qu'il nous ait oubliés ou se soit lassé de nous voir – et, les mots lui manquant, il y supplée par un autre de ces gestes infiniment éloquents : le poing gauche contre sa poitrine, comme si c'était son cœur même, il nous désigne de sa main droite ouverte puis la serre par-dessus l'autre… Mais, depuis que les bouquetins ont gagné leurs herbages d'été sur les hauteurs, sa saison de chasse a pris fin et plus rien ne l'amène par ici : il demeure au campement, occupant ses journées de vieil homme à travailler les peaux et les cornes de ses proies du printemps.

Alors m'apparaît ce qu'en fait j'aurais dû comprendre dès le début, en recoupant les données d'Oleg Pavlovitch sur le décalage du climat paléolithique avec celles de Vera Petrovna sur les circuits du gibier dans la région. Mais c'est seulement en entendant Osman que se dévoilent soudain à mes yeux le tableau des rythmes saisonniers de l'époque et tout le plan de la sépulture.

Comme lui, en effet, les Néandertaliens devaient dépendre de la transhumance des mouflons et bouquetins, leur gibier d'élection, entre le piémont et les alpages ; et cette vallée, m'apparaît-il en même temps, n'était en rien leur habitat ordinaire (si j'avais à le chercher, j'irais voir du côté où les nomades ont leur campement, leur point d'eau et leur filon d'ocre), mais bien leur terrain de chasse – et donc le lieu le plus approprié pour inhumer un chasseur émérite.

C'est par ici que, tout l'hiver, lui et les autres venaient traquer les hardes chassées des hauteurs par le froid – jusqu'à l'époque où, vers la mi-mai sans doute (les printemps étaient plus tardifs) et leur gibier refluant vers les prairies d'altitude, il devenait par trop hasardeux de le pourchasser encore. Alors venait la saison maigre, adoucie au début par les ressources sporadiques de la récolte des bulbes, du pillage des nids des demoiselles de Numidie, de la remontée des saumons dans la rivière peut-être : ultimes aubaines avant les jours torrides où il ne resterait rien à faire que chercher un coin d'ombre où tromper la faim en taillant armes et outils, guettant d'un œil las des proies maigres et aléatoires : scinques et serpents, marmottes et poussins de vanneaux, d'aventure un vol de criquets... Vers août peut-être, lorsque (s'il avait plu un peu) le millet sauvage mûrirait, la chance mènerait peut-être à portée, à condition de courir vite et loin, quelque troupeau d'onagres ou d'ânes kulan, de gazelles ou d'antilopes saïga – vague espoir, en ces temps de famine, de tenir jusqu'à l'automne, où l'on se gorgerait de mûres et de grenades jusqu'à l'ivresse ou à l'écœurement, avant d'attendre encore (mais ce ne serait pas avant fin novembre ou décembre) le retour tant espéré des chèvres de montagne et, avec elles, la saison des ventres pleins et des peaux fraîches à décharner sous l'abri, autour du feu crépitant.

Or c'est tout cela qui se trouve inscrit en bon ordre autour de la tombe, tel un almanach : du nord-ouest au nord-est, les os brisés de ruminants rappellent les chasses d'hiver, et les racloirs, les burins, les perçoirs – la préparation des peaux et la confection des vêtements. De même, à l'est, restes d'œufs et de poisson évoquent bien les ressources du printemps. Sur les plaquettes, les perles et autres menus objets, j'hésite encore : nouvelle allusion à la saison des nids et de la pêche, ou bien au renouveau et aux jeux amoureux ? Mais ce ne peut être un hasard si des armes et des outils de pierre et d'os – tout neufs, à l'inverse de ceux du côté nord – se retrouvent soudain du sud-est au sud, dans le secteur convenant aux mois d'été où l'on y travaillait ; bien à leur "place" encore, un peu plus à l'ouest, la "faucille" et l'omoplate d'onagre, au milieu de ce large quartier stérile qui doit correspondre à la saison des longues courses nomades aux confins du désert ; et en situation enfin, entre ouest et nord-ouest, le foyer, la boule d'ocre et la carapace de tortue, objets dont on devine l'usage dans les rites faméliques qui pouvaient appeler, à l'automne, le retour attendu du gibier – à moins, plus prosaïquement, qu'il ne faille y "lire" la préparation de la teinture destinée à nettoyer les peaux pendant l'hiver suivant...

Je pense à cet article que Vera Petrovna nous lisait l'autre soir, évoquant les rites de chasse du Paléolithique supérieur comme "une sorte de science magique où reviennent avec force les notions de répétition et de prévision", posant l'idée du temps et de sa mesure comme le premier jalon d'une civilisation... N'est-ce pas précisément cela que nous avons ici : une image du temps, transposée – comme on l'a fait depuis toujours, comme nos propres cadrans d'horloge et nos calendriers le font encore – en une structure dans l'espace ?

Et qu'est-ce au fond qu'une sépulture, sinon un espace pour dire le temps d'après la mort ? Et qu'est-ce que l'au-delà, sinon le futur symbolisé comme le pays où l'on ira alors ?

Mercredi 19 juin

Toute la journée, tandis que nous continuons à dégager l'omoplate droite du squelette, les discussions vont bon train autour de ma vision de l'aire funéraire.

Hier soir pourtant, Vera Petrovna avait soulevé une objection de taille, m'expliquant que bouquetins et mouflons, en fait, ne fréquentent guère les vallées en hiver. Protégés par leur épaisse toison, ce n'est pas le froid, comme je l'imaginais, qui dicte leurs mouvements pendant cette saison, mais bien la neige qui entrave leur progression et recouvre les herbages ; aussi passent-ils l'hiver en altitude, là où le vent et les fortes pentes empêchent la neige de s'accumuler, ne regagnant les vallées qu'à l'approche du dégel pour paître les premières prairies de printemps.

Telle est du moins la règle ; mais tout en ramassant du bois ce matin, Vera a cherché – et trouvé –, parmi les pins sur la crête, les traces d'un de ces terribles duels que se livrent les mâles de markhor pour la possession des femelles. Les bouquetins, par ici, quittent donc les hauteurs dès la saison du rut, en novembre-décembre, probablement parce que ces collines de lœss ne présentent pas les fortes déclivités ni les sols enrochés des vrais paysages alpestres, tandis que les blizzards peuvent bien suffire à déneiger certains des couloirs de vallées où ils s'engouffrent avec violence – et l'*afganietz* nous a montré combien propice y est notre vallon d'Awçydere !

Si mon hypothèse, ainsi réconciliée contre toute attente avec la rotation des gibiers d'hiver et d'été, séduit d'autant plus nettement Vera, Oleg Pavlovitch maintient quant à lui, avec l'ironie féroce dont il sait faire preuve, qu'à force de "battre" mon "aire" je me suis mis le fléau dans l'œil ! Oleg, sans doute, se méfie, un peu parce que le lit de pétales qu'il est si heureux d'avoir repéré ne figure pas du côté "printanier" de l'aire mais bien au sud-ouest, aux pieds même du défunt (et je crois en effet que ce dépôt n'est pas relié au reste du dispositif, mais plutôt à un rite de "levée" du corps) ; et surtout par une réticence plus fondamentale à reconnaître aux hommes du Moustérien une science assez affûtée des climats et des régions de l'espace pour vouloir retracer au sol le cycle des saisons et, de surcroît, aligner correctement leur "calendrier" sur les points cardinaux, l'hiver au nord, le printemps à l'orient et ainsi de suite.

Vera vient heureusement à ma rescousse ce soir en exhumant de ses papiers le fameux article où Marshack suggère que la liaison traditionnelle des signes astrologiques des Poissons et du Bélier avec le printemps renvoie la conception de notre zodiaque, vu la précession des équinoxes, à quelque trente mille ans avant notre ère – et de citer à l'appui les gravures sur le "bâton de commandement" de Montgaudier, où les figures d'un bouquetin et d'un saumon associés à une fleur évoquent avec une précision troublante le tracé classique de ces deux constellations printanières. Si les Aurignaciens, relève Vera, ont pu imaginer et construire un système aussi complexe qu'un zodiaque astral, peut-on dénier aux Néandertaliens tardifs, leurs devanciers immédiats, la capacité de rapporter aux points cardinaux le cycle des saisons qui gouvernait l'alternance des chasses, des cueillettes, des travaux techniques et peut-être des moments rituels ? Et quoi de plus normal, une fois entrevue l'idée que le défunt "survivrait" en quelque façon – la vraie révolution moustérienne –, que de disposer autour de sa dépouille, voire peut-être de mimer rituellement, un rappel de ce "programme d'activités" qu'il aurait à reprendre dans l'au-delà ?

Comment la ronde des saisons
aurait-elle fini, pour lui seul, de tourner ?
Par quel côté, de quel bond prodigieux
en serait-il sorti ?

On n'échappe pas – ou pas ainsi –
au temps, mais rampant peu à peu
vers le moyeu, où la roue tourne encore
sans plus rien déplacer.

Jeudi 20 juin

Oleg, pour compléter l'identification de ses gentianes, a préparé tout un questionnaire à l'intention d'Osman – en vain : si le vieil homme se souvient vaguement avoir déjà vu ces fleurs-là, il ne leur connaît aucun nom spécifique, aucun usage particulier, aucune vertu. Les nomades utilisent bien une décoction de gentiane jaune pour soigner leurs maux de ventre et les plaies de leurs bêtes, mais la parenté des deux fleurs ne les a pas frappés. Même la couleur si intense de cette variété – "Ne dirait-on des gouttes de ciel tombées sur la prairie ?" s'exclame Vera d'un ton vibrant – laisse Osman absolument indifférent.

Toujours les mêmes discussions – les positions, sinon les arguments, gagnant encore en netteté – autour de ma *piazza quattro stagioni*, comme l'a railleusement baptisée Oleg Pavlovitch. Et je dois admettre que les indices sont bien maigres pour soutenir une conjecture aussi audacieuse : moi seul, d'avoir combiné en vain tant d'autres critères et retourné en tous sens mes diagrammes au fil de ces six semaines, je puis mesurer à quel point mon hypothèse, *parce qu'inattendue*, a les meilleures chances d'être fondée, sinon exacte en tout point.

Mais je me vois mal servir cet argument face à un cénacle d'Oleg Pavlovitch, une fois rentré à Leningrad ! Matérialisme historique oblige, je risque fort de me trouver dans la même impasse que Bardon et Bouyssonie pour faire admettre à leurs confrères positivistes que les squelettes néandertaliens de La Ferrassie avaient été inhumés par leurs semblables : les deux abbés avaient beau avoir fouillé et décrit le site avec un scrupule sans précédent, on mit leur hypothèse au compte d'une propension de curés à "voir de l'âme partout" !

Et mon bon maître Ossipenko qui m'engageait à "délirer" tout mon saoul ! Mais pour l'heure, je sens bien que je ne m'aventurerais même pas à lui demander conseil à ce sujet, fût-ce en joignant à ma lettre le moindre grain de poussière qui contribue à affermir ma folle idée !

Vendredi 21 juin

Le jour le plus long de l'année – mais chaque jour, depuis que nous sommes ici, semble à la fois trop court et d'une durée inconnue jusque-là, d'une densité qui annule l'idée même qu'un jour puisse être autre chose qu'une page d'éternité.

Je m'avise du même coup que, depuis exactement trois mois que nous sommes ici, pas une fois nous n'avons allumé la radio du campement pour écouter de la musique ou suivre la marche du monde, mais seulement pour capter le bulletin météo. A cent kilomètres d'ici, sur l'autre rive du fleuve, des soldats russes livrent ce qu'il est convenu de ne pas appeler une guerre, et l'idée ne nous est même pas venue de nous en informer… Impression curieuse, non pas de vivre hors du temps mais d'avoir changé, par rapport à lui, de dimension – comme s'il y avait ici deux sortes de temps : l'un, horizontal, ténu comme l'air mais puissant à l'instar du vent, dont le rempart de déblais autour du site nous épargne provisoirement la rumeur ; et l'autre, vertical, pareil à la glaise dense mais inerte, et dans lequel nous avons résolu pour un temps de nous enfouir.

Et lui, "notre" mort, dans lequel de ces deux temps vivait-il ? Auquel rêvait-il ? A la ronde immuable des saisons, que recrée autour de lui le plan cyclique de l'aire funéraire ? Ou si Ossipenko se trompait en posant que l'idée de la "flèche du temps" fut, avec l'acte de viser, solidaire de l'invention de la flèche de bois ?

Qu'il était beau pourtant, en l'écoutant, de songer à ce temps d'avant le temps-qui-fuit, de rêver un espace et un temps tout faits de cercles emboîtés, de l'arrondi d'un ventre de femme jusqu'à l'orbe du ciel, de la zone éclairée par le feu du clan jusqu'à l'anneau de l'horizon, du circuit fugace d'une journée à celui des générations se succédant !

Mais l'idée ne tient pas – et paradoxalement je m'en aperçois ici, où tout pourtant parle à ma mémoire d'un temps sans cesse renoué. La coupole du ciel, le soleil chaque jour la fend de part en part, et "nul ne sait quand reviendra" ou si c'est bien le même ; et d'un ventre rond à une tombe ronde, chaque vie pourtant file sa trajectoire unique avant de se perdre à regret dans cet au-delà où peut-être tout continue mais d'où assurément on ne reviendra pas – c'est tout le sens d'ensevelir un mort !

A Neandertal manquait peut-être l'"arc" : la notion que demain différera d'aujourd'hui comme aujourd'hui d'hier, que leur perte irréversible est tout ce qui apparente l'avenir au passé, et que nos petits tours de cadran sont en fait les segments d'une spirale sans fin. Mais la flèche, la “flèche du Parthe” du temps était déjà fichée dans son cœur comme le biface dans la poitrine de cette dépouille, et tandis que sa vie déjà le fuyait il la sentait vibrer, pour la dernière fois ici-bas.

Samedi 22 juin

Avec les traces de deux fractures anciennes relevées ce matin sur la clavicule gauche, pas moins de six séquelles de traumatismes graves se lisent à ce jour sur le squelette du défunt – guère plus malchanceux ou téméraire en cela que la moyenne des Néandertaliens adultes dont on a pu autopsier les restes.

Je comprends mieux que jamais ce qu'entendait Ossipenko lorsqu'il disait que ce qui distingue *Homo sapiens sapiens* de son cousin Neandertal est bien moins un redoublement de “sagesse” que la simple frousse ! L'homme moderne naît avec les armes de jet, sagaies et propulseurs ou arc et flèches, qui le dispensent enfin du périlleux corps-à-corps avec le fauve affronté du bout de l'épieu ou de la massue. Il advient, non pas lancé de l'avant vers son destin, mais en prenant toujours plus de recul face à la bête, sa proie ; même les figurations rupestres du Magdalénien peuvent se lire comme un débordement dans l'ordre des symboles de cette distance prudemment interposée entre le chasseur et son gibier – entre l'animal pensant et le péril du réel.

Et pourtant, c'est Neandertal, ce colosse rêveur, ce risque-tout impavide, qui le premier sur cette planète, sans autre forme de “profondeur” jusque-là que celle où évoluaient poissons et oiseaux, s'est figuré qu'il existait un au-delà.

Mais de ce qu'il y voyait, que pourrions-nous comprendre, nous autres *sapiens sapiens* nés avec la peur au ventre, raccrochés à l'espoir que, dans l'ultime corps-à-corps avec la mort, notre conscience d'être au monde a elle aussi son projectile – que nous appelons l'âme – grâce auquel, au soir d'une vie, elle regagnera saine et sauve l'abri du matin, échappée pour toujours au fauve du temps qui rôde ?

Des tribus néandertaliennes, prétendent certains, hantaient encore les forêts de l'Inde historique, avant qu'on ne les exterminât. Si c'est vrai, c'est bien à ces attardés que les Hindous peuvent avoir emprunté leur idée du *karma* – cette façon, vie après vie, de repartir à l'aventure et, meurtri déjà de tant d'anciennes blessures, d'en risquer de nouvelles encore, de fatales peut-être.

Partout gravés
cupules et tirets, blessures et sang versé :
dons de la vie et de la mort
copulant encore.

Dimanche 23 juin

Rêvé cette nuit d'un argument décisif pour justifier ma lecture des vestiges répartis sur l'aire funéraire – un enchaînement saisonnier de gestes rituels conduisant le deuil du défunt jusqu'à sa conclusion. Sitôt éveillé, je tente de reproduire le raisonnement, mais à l'instant précis où je croyais retrouver le point de départ, le souvenir se défait comme une poignée de sable. Bizarrement, j'en suis à peine affecté – voire presque soulagé, comme s'il valait mieux après tout que ma réflexion s'arrête ainsi en suspens sur une part évanouie : une brêche rêvée par où rêver toujours…

Et *lui*, rêvait-il ? Sans doute – mais à quoi ? Sur cela comme sur tant d'autres choses, un squelette, ce reste minéralisé de ce qui fut un être de muscles, de nerfs et de pensée, demeure infiniment muet ! Si cet homme d'un autre âge avait été même, pour son époque, un autre Einstein, si ce cerveau avait entrevu une vision du monde, du temps, de l'être, du néant… aussi révolutionnaire pour le Moustérien que la relativité en notre siècle – à quoi le décèlerions-nous ?

Si un archéologue des temps futurs devait un jour, comme nous ici, investiguer mes propres restes, quelle idée s'en fera-t-il ? Quand je vécus, de quels maux j'ai pu souffrir et à quel âge j'en suis mort – tout cela il pourra le déduire ; mais comment reconnaîtrait-il un confrère ?

On finit de dégager le haut du buste, d'une carrure en tout point impressionnante – celle d'un Hercule, à notre échelle.

La silhouette générale très asymétrique de la dépouille – une jambe fléchie et l'autre presque droite, le bras gauche levé, main ouverte, le droit courbé le long du flanc, doigts crispés – évoque décidément une fin accidentelle, un corps inhumé dans la posture où l'aura saisi la rigidité cadavérique. Simple hypothèse toutefois, tant qu'aucune trace de lésion contemporaine du décès ne la confirme – à moins qu'il n'ait péri de froid ou d'épuisement ?

Je songe avec regret à ces cadavres – plus récents, il est vrai – miraculeusement figés par la glace, momifiés dans la tourbe ou inhumés dans le pergélisol. La terre vivante, elle, ne se souvient qu'à sa propre façon : chairs, bois et étoffes, elle les digère, ne préservant que les matières signées à sa propre marque : calcaire de l'os et des coquilles, pierres trouvées et retaillées… Nos carnets, nos croquis, notre mémoire vont maintenant en faire autant avec ce que le sol aura daigné nous léguer, assimilant ce qu'ils peuvent et oubliant, insaisissable par eux, la part étrangère. Délogeant ces pierres, recueillant ces ossements, nous prenons un relais ; mais serons-nous seulement aussi généreux que la terre, au moment de restituer ce peu qu'elle nous confie ?

Dans l'après-midi, présentation officielle du défunt à Osman – "officielle" car je crois bien que, sous prétexte d'attendre que le dégagement du squelette lui restitue une stature bien humaine, nous tenions aussi à ménager un peu de solennité à cet instant. Mais c'est très posément, avec l'aisance toute professionnelle d'un collègue archéologue appelé sur le site, qu'Osman nous fait aussitôt remarquer que notre mort semble danser – et, levant un pied en l'air, son fusil brandi comme pour décocher un coup de baïonnette vers le ciel, de reproduire à la perfection l'attitude du squelette, en un geste dont je n'ai pas songé à lui demander (mais cela ne m'étonnerait plus guère) s'il correspond à une danse précise chez les Turkmènes.

Lorsque je demande à Osman si cette silhouette lui évoque quelque chose, s'il a déjà vu quelqu'un de pareillement proportionné, il fait non de la tête – puis aussitôt, délibérément, tend la main vers le sud-est, évoquant d'un geste plusieurs montagnes à franchir : "Là-bas… Non, il n'est pas de là-bas – mais des gens de ce pays l'ont vu." De quel pays, il ne le sait pas. Si je mentionne le Kafiristan ou l'Afghanistan, il me fait signe que c'est au-delà, plus loin encore, mais les noms d'autres pays, montagnes ou contrées que je lui nomme dans cette même direction lui sont inconnus, et c'est en vain que je lui présente une carte de l'Asie centrale, pointant divers repères connus de lui : les monts Babatag, l'Amu-Darya, Termez, Kerki, Kulyab, Mazâr-i-Sharif et Boukhara lui demeurent des points abstraits dans un espace où il n'arrive pas à s'orienter… Nous n'en saurons pas plus long sur ce pays dont les gens ont vu le pareil de notre homme.

Puissance de l'échine, des bras :
fait pour porter l'avenir à dos d'homme
jusqu'ici, d'où par son propre élan
l'avenir poursuivrait ;

et avec nous voici l'avenir
revenu lui dire, à lui dont la route
finissait ici, qu'il frayait le juste chemin :
celui qui menait jusqu'à nous ;

avec nous voici que d'autres gestes,
d'autres bras se tendent et, lui le pionnier,
le recueillent, le relèvent, bientôt
l'emporteront lui aussi dans l'avenir.

Lundi 24 juin

Rédigeant ce matin une note de synthèse de nos travaux à l'intention du professeur Ossipenko, je mesure mieux l'originalité de ce site et de tout ce qu'il nous a offert jusqu'ici.

Le plus curieux est pourtant (j'en parlais hier soir avec Vera Petrovna) que nous n'en soyons au fond qu'à moitié heureux, chaque découverte inédite ravivant en même temps la frustration de ne pouvoir comparer, corréler, expliquer ces objets atypiques, ces structures sans équivalent ailleurs. Sans doute aucun chercheur ne désire que son gisement s'avère par trop semblable à d'autres, mais lequel ne rêve qu'un jour deux sites puissent être trouvés identiques, affirmant par leur ressemblance même le geste délibéré d'une culture cohérente ?

Une boule d'ocre tailladée de coups de lame, une autre truffée d'éclats de silex – mais distantes de quinze mille ans et de cinq mille cinq cents kilomètres : que tirer d'un tel "voisinage" ? Une jonchée de fleurs vers le centre de notre aire funéraire, un lit de fleurs *sous* une autre dépouille à Shanidar, à cinq déserts et trois chaînes de montagnes d'ici : variantes d'un même rite ou démarches autonomes ? Six massacres de bouquetins de Sibérie au fond de la tombe d'un enfant à Teshik-Tash, deux autres tombés ici du flanc de la fosse d'un héros : quel dispositif s'inspire de l'autre, ou de quel autre modèle encore a-t-on là deux formes dérivées ? Et que dire de ces cornes de mouflon emboîtées, de la carapace de tortue, du biface cordiforme ou du mythogramme circulaire inscrit dans l'aire funéraire ? Autant de traits uniques, sans corrélation possible pour démêler les parts de l'arbitraire ou d'une tradition – comme une langue perdue dont on n'aurait sauvé qu'un seul texte, fragment, au choix, d'un magistral poème ou d'une dictée truffée d'erreurs !

Bientôt nous n'ignorerons plus rien de ce que nous pouvions *apprendre* ici, mais voués en même temps (puisqu'ainsi raisonne la science) à ne rien deviner de ce que l'on pouvait *comprendre.*

A quoi bon cet immense voyage, si c'était pour en rester là ? Nous autres, sans doute, *savions* de toute façon pourquoi il nous fallait venir ici ; mais lui, aura-t-il vraiment *compris* pourquoi il devait nous y attendre ?

Certes, la tradition continue : d'autres préhistoriens, un jour peut-être, ailleurs, se souvenant de ce que nous voyons ici, devineront le secret. Mais *lui*, qu'en saura-t-il encore, arraché par nos mains du lieu qui est le sien, dépouillé de cette enveloppe de vestiges qui lui font comme un plus grand corps, dissous parmi nos relevés, nos notes, nos hypothèses ? Et comment le comprendrait-il, lui qui, sans l'avoir choisi, se trouve ainsi incorporé à nos travaux pour tendre à d'autres ce témoin pour un relais aléatoire ? – moins comme un membre de l'équipe, hélas, que comme un vague lot d'échantillons, à peine l'ombre d'un trophée !

C'est ici même, sans doute, qu'il faudrait creuser jusqu'au fond du mystère ; ici seulement qu'on pourrait rencontrer le fond. Mais après nous, quel archéologue reviendra jamais en ces parages ? En quête de quel maillon, après que nous aurons rompu la chaîne, décidant – de quel droit ? – qu'elle ne menait que jusqu'à nous…

Par jeu, ce soir, Oleg Pavlovitch, dont c'est le jour de cantine, met le couvert pour quatre. Mais sa plaisanterie fait long feu : prenant place à table sous l'auvent, ni Vera ni moi n'avons remarqué la chose (ou bien nous l'avons trouvée naturelle) ; ce n'est qu'au moment de nous servir que la présence du couvert surnuméraire nous a frappés – mais avec trop de gravité soudain pour qu'aucun de nous trois songe à rire.

Nous semblions seulement tristes, je crois, qu'"il" n'ait daigné se joindre à nous, laissant vacante la place de "celui qu'on n'attend pas".

Creusant toujours : chasse au terrier,
de toutes la moins glorieuse.
Il n'y veut nulle part
que celle de la proie – et encore :
dédaignant même de résister.

V

Mardi 25 juin

Après les vertèbres cervicales, délogées et éparpillées par la torsion du corps, on dégage l'essentiel du maxillaire inférieur puis, tout de suite, le supérieur, basculé vers l'avant après l'inhumation comme en un profond hochement de tête, disloquant grotesquement la jointure des mâchoires. La branche montante droite de la mandibule est émiettée, trois incisives et la plupart des molaires du même côté ont sauté.

En fin de journée, Osman m'entraîne – pourquoi moi, je l'ignore – sous les pins du versant nord. Nous partageons mon tabac et allumons nos pipes, regardant en silence, pour un long moment, la vallée en contrebas. Tandis qu'au campement j'aperçois Oleg Pavlovitch qui dessine pour la millième fois ses gentianes à l'arrière de sa tente et Vera Petrovna qui reclasse ses livres sous l'auvent tout en surveillant le riz du soir, rien ne bouge du côté de notre excavation, comme oubliée – mais c'est une fausse tranquillité – à l'abri de son demi-rempart de déblais. L'air est immobile, même le méandre de la rivière semble presque figé.

Comme, ma pipe éteinte, je m'apprête à redescendre, Osman me retient un instant encore. Il voulait, m'explique-t-il, choisissant à dessein des mots assez simples pour nous épargner de recourir à mon lexique, me montrer quelque chose, qui lui vient de son arrière-grand-père… – et pour un instant je ressens presque de la jalousie, moi qui ignore jusqu'au son qu'avait la voix de mon père, à l'idée que ce vieil homme puisse tenir quoi que ce soit d'un aïeul si lointain !

Dénouant son mouchoir, il me montre l'objet : c'est une longue lame de silex gris pâle, très finement retouchée jusqu'à sembler presque polie, trouvée non loin des yourtes.

"Garde-la : maintenant je sais que ce n'était pas à nous, mais à *lui*." Comme séduit par la similitude des deux vocables, il répète le dernier mot en russe et en turkmène tour à tour : "Lui, *on*… – à lui, *onuñ*… Rends-la-lui."

Je remballe le silex dans mon propre mouchoir et nous redescendons ensemble en silence. Je voudrais remercier Osman mais je ne sais quoi, songeant aux mâchoires disloquées du squelette là-bas, m'en dissuade. Toute parole, d'ailleurs, est inutile : Osman, je le devine, ressent comme moi que par ce geste il vient de se lier plus étroitement que quiconque à notre équipe.

Serré entre les dents,
quelque chose au vocatif ;
interstices de silence
pour dire l'absence de la voix.

Mercredi 26 juin

Rêvé cette nuit que je visitais la tombe de mon père – une stèle anonyme, militaire, neuve encore, dans ce qui me semblait tantôt un vaste et monotone cimetière ou un sous-bois peuplé de présences furtives : arbres et stèles, daims et spectres y échangeaient perpétuellement leurs places selon que tour à tour j'étais ou n'étais pas là.

"Si loin que je me souvienne, disais-je à quelqu'un (ma mère peut-être, mais passant comme une inconnue), j'ai imaginé mon père enseveli sous la neige, à l'orée d'un bosquet de bouleaux. Or c'est l'été et je ne vois ici que des charmes : ce ne peut donc être ici !"

Je reconnaissais pourtant la tombe à une alliance d'argent curieusement bosselée, tantôt posée au sommet de la stèle, tantôt passée au doigt d'une main qui, échappée de la tombe trop petite (elle eût mieux convenu à un enfant, pensai-je, et c'est à moi que je songeais), reposait sur le sol, à gauche. Et tantôt c'était moi qui ôtais l'anneau de ce doigt pour le poser sur la stèle, tantôt je l'y prenais et l'emportais – me reprochant presque aussitôt (à ce point du rêve, je crois, je m'éveillai) de l'avoir égaré sans retour.

Les os de la face apparaissent graduellement à nu, puis le rebord des orbites, enfin l'arcade sourcilière.

Curieux caprice de la saison, le temps se fait nuageux puis couvert, l'air un peu plus frais et légèrement humide.

Jeudi 27 juin

Jour de ravitaillement. Nous convenons avec Sacha d'avancer d'un jour son prochain passage, le dernier : d'ici là, nous devrions en avoir fini et être prêts à rapatrier nos trésors.

Au départ du camion, je me souviens brusquement que je voulais écrire à ma mère – ou bien n'y tenais-je pas vraiment ?

L'assistante d'Ossipenko m'écrit que le professeur, souffrant, lui laisse le soin de m'envoyer le dernier numéro de sa revue, avec ma recension du traité de méthodologie de Souvorov. Entre deux pages, Ossipenko, à qui je me plaignais dans ma dernière lettre de buter sur l'interprétation de l'aire rituelle, a néanmoins trouvé le temps de glisser un petit mot très drôle (et rétrospectivement très judicieux) joint à trois documents photocopiés : une vue en coupe d'un accélérateur de particules, le plan du labyrinthe de la cathédrale de Chartres, en France, et une reproduction de la "Pierre du Soleil", un calendrier sculpté aztèque : "Tous trois sont circulaires et poursuivent une même idée : accélérer le temps. S'ils ne vous aident pas à dénouer bientôt l'énigme qui vous obsède, peut-être du moins, cher Daniel Andreïtch, vous feront-ils trouver le temps moins long jusqu'au jour où, je n'en doute pas, vous trouverez la solution ?"

Le front apparaît peu à peu. A le découvrir ainsi, centimètre par centimètre, il semble moins "fuyant" que simplement délicat dans la douceur de sa pente.

Belle éclaircie tout l'après-midi, mais le soir ramène la grisaille par le sud.

Visite d'adieu de nos voisins nomades, qui s'apprêtent à lever le camp d'été. Découvrant le squelette presque entièrement exhumé, ils se montrent curieux de savoir qui gît là. Alors, laborieusement, avec des mots très simples, nous tentons d'évoquer l'âge de cette tombe, l'homme de Neandertal, son mode de vie... Or ce n'est pas cela qui les intéresse, mais bien son nom, celui de sa tribu, le lieu de son campement d'hiver – indications qui seules, de leur point de vue, donneraient un sens à notre découverte, faisant de cet inconnu un parent (même lointain ou très ancien, cela n'importe guère), un allié ou un ennemi.

Après leur départ, nous caressons brièvement l'idée, pour notre propre commodité, de conférer un nom au défunt. Oleg Pavlovitch, jonglant avec les premières lettres de nos trois prénoms, suggère *Oldave*, combinant le mot anglais pour "vieux" et la racine indo-européenne de "l'aïeul". Mais nous savons déjà que nous n'en ferons pas usage. Que nous autres, nés parmi la foule de nos semblables, ayons besoin de noms pour nous désigner et tracer notre lignée, soit. Mais lui est unique, seul ici de son clan, de sa race, de sa génération : le pronom personnel de la troisième personne continuera à nous suffire pour le désigner. Qui d'autre serait "il" ? Depuis trois mois déjà, nous ne pensons qu'à lui !

Lui, dont seule la présence ici
explique et justifie la nôtre,
Lui dont la trace se perd dans les assises
du même sol où nous marchons,
Lui dont la race a dû mourir
afin qu'un jour nous puissions naître
et s'enterrer afin que nous creusions.

Lui l'autre, sans qui pourtant
nous n'aurions été nous-mêmes :
Lui l'ancêtre, origine
d'un chemin que nous n'avons suivi
et qui pourtant à sa rencontre
nous ramenait ici !

Vendredi 28 juin

Dégagement des pariétaux et de l'avant de la calotte crânienne, par un temps indécis, changeant au gré de la brise qui oscille du sud-est au sud-ouest.

Vera Petrovna, à qui j'ai fait lire quelques passages de ce journal, me met longuement en garde contre le "sentimentalisme nostalgique" qui sous-tend mes allusions au défunt comme un "ancêtre" : la branche néandertalienne, insiste-t-elle, est un rameau disjoint de notre propre lignée – voire une branche rivale que nos lointains aïeux ont bien pu exterminer aussi méthodiquement que nos propres pères ont tenté d'extirper les rejetons de la vieille féodalité russe !

Que lui répondre ? Que cette théorie bien admise devient soudain suspecte sur les lèvres de Russes soviétiques de la deuxième génération – comme un douteux écho de notre histoire récente, voire une justification ambiguë de la dékoulakisation de nos campagnes ? Je préfère rappeler simplement à Vera qu'avec l'homme, qui au-delà de ses gènes transmet ses acquis par l'exemple, la parole et l'écrit, la descendance culturelle est tout aussi légitime que la voix du sang. A ce titre, elle et moi devons compter parmi nos aïeux, non seulement nos géniteurs biologiques, mais également les professeurs qui nous ont légué leur science, les penseurs bolcheviks dont nous tenons nos valeurs, les moujiks, les popes et les boyards qui ont forgé notre mentalité, les princes varègues fondateurs de notre peuple, les Hébreux qui ont rêvé notre dieu (à travers les Grecs byzantins qui en ont codifié le culte)… et les Néandertaliens, pionniers de la culture moustérienne d'où est sortie la nôtre et de l'idée même d'inhumer les morts.

Il paraît que j'ai les yeux et le front de ma mère – mais jamais elle n'a pu admettre que j'aille me consacrer, plutôt qu'à la construction du socialisme réel, à gratter le sol en quête de débris sans âge ; du Néandertalien, par contre, je n'ai ni le sourcil en visière ni le "chignon" occipital – mais je passerai ma vie à recueillir la moindre trace qu'il a daigné enterrer ici ou là. D'elle ou de lui, lequel est le plus sûrement mon "ancêtre" ?

Un homme est tous les hommes,
mais celui-ci est mort
et un mort n'est plus personne.

Ou peut-être tous les hommes,
au fond, sont-ils "personne"
et n'est-ce qu'à leur mort
qu'ils deviennent ceci : un homme.

Samedi 29 juin

Le plus délicat est d'évider les orbites – non tant par crainte d'en abîmer les parois, mais de devoir affronter la vacance croissante du regard : cet air de voir à travers nous, à travers la déférence de nos gestes, à travers même nos douteuses intentions…

Contraste intimidant entre ces orbites rondes, à la forme du monde en somme, et nos orbites rectangulaires de *sapiens sapiens*, comme faites pour y découper rationnellement notre domaine, d'un format anguleux qui n'est pas sans évoquer jusqu'à cette fosse où nous pillons ses restes – et l'autre fosse, qui nous attend à notre tour.

La place des yeux
sans regard lorsqu'on les croise
– soudain je réalise
qu'il ne dort plus depuis longtemps.
Dit sans esprit de facétie :
qu'il s'est réveillé – mort.

Dimanche 30 juin

Une fraîcheur inusitée de l'air en fin d'après-midi, un vol de grues haut dans le ciel, les premières graminées répandant leur semence, le départ annoncé des nomades : tout cela nous rappelle, au cœur même de l'été steppique, l'approche de l'automne. Hommes et bêtes, plantes, climats, tous inscrits ensemble dans le cycle des saisons. A d'autres cycles – mais millénaires – obéissent l'eau de la rivière et les galets qu'elle emporte, le sol de cette vallée et les cimes des montagnes. A quel autre cycle encore cette tombe ? Et nous qui la pillons, de quel circuit sommes-nous les relais innocents ?

Toujours ce regard qui m'obsède – nous ignorant, au fond.

Plus rien non plus
sous l'absence des paupières
de ce qu'ont vu les yeux ;
surmodelages d'humus,
de saisons, de passages
d'une tempe à l'autre
par le creux des orbites.
Quelque chose pourtant
dans le surplomb de l'arcade sourcilière
du vertige de voir et être là,
dans les méplats du front

de l'habitude de rêver,
dans l'orbe de l'occiput
d'un rudiment de ciel.

Lundi 1er juillet

Au matin, luisant sous une fine pellicule de rosée, le crâne semble nous saluer d'une sévère inclinaison.

Vera Petrovna, d'humeur inhabituellement facétieuse, nous fait part de l'ahurissant propos présenté à un congrès international par un anthropologue allemand du siècle dernier, évoquant un certain Emmayer, médecin aliéniste, dont le crâne "véritablement du type de Neandertal, avec des proéminences sourcilières énormes au-dessous desquelles brillent deux yeux flamboyants, contribue à lui donner une grande influence sur ses malades". Mais Oleg Pavlovitch et moi – nous sentant, je crois, un peu visés par ce dernier mot – en sommes plus gênés qu'amusés, et la courageuse tentative de Vera pour détendre l'atmosphère tombe à plat.

Depuis quelques jours – depuis que notre défunt a un visage – il semble que nous nous parlons moins que naguère. Le menu bavardage a cessé de meubler nos heures de repos au campement, tandis que les instructions concernant les tâches quotidiennes et l'organisation du travail se transmettent presque par monosyllabes ; même les échanges de commentaires et d'arguments au sujet de nos travaux ont pris un tour plus laconique, fait d'approbations muettes et de remarques sèches et précises.

Ce n'est pourtant pas, comme je l'ai soupçonné d'abord, que mes dernières conjectures sur l'interprétation des vestiges – trop personnelles, trop fermement soutenues ou que sais-je – aient pu froisser mes deux collègues : Vera et Oleg ne se parlent guère davantage entre eux et ressentent comme moi (nous en parlions hier soir encore, sans réticence quoique avec la même économie de phrases) cette impression d'éloignement mutuel, faite à la fois d'un besoin accru de solitude – surtout face à l'hôte de la sépulture – et de la frustration de ne pouvoir partager vraiment ce que nous ressentons (mais de façon si intime et si évasive !) au contact du défunt.

Oleg nous avouait éprouver une vague répugnance, à la fois pour la dépouille et pour notre intrusion auprès d'elle ; pour un peu, on le devinerait prêt à refermer la sépulture et partir. Chez Vera, et quoiqu'elle n'en dise rien, je devine au contraire une émotion joyeuse, l'ivresse d'une rencontre et d'un commencement : elle resterait volontiers, je crois, à veiller ce squelette comme on s'attarde au chevet d'un malade dont la guérison est certaine. Et moi aussi, certes, je resterais – mais pressé par l'urgence de poursuivre les fouilles et assailli en même temps d'une obscure frayeur, mi-soupçon de nostalgie, comme si tout nous arrivait déjà trop tard, mi-pressentiment que quelque chose s'apprête à finir.

Mais comment nous dire ces choses ? Et comment les laisserions-nous influer sur notre travail ? Mieux vaut peut-être ce silence, ce recueillement où, chacun pour soi, nous tentons de concilier des émotions paradoxales et contradictoires : le deuil impossible de cet être qui ne nous fut rien de son vivant et nous apparaît seulement dans sa mort, et l'accueil non moins ambigu de celui dont nous espérions la "venue" tout en nous activant à profaner sa tombe et démembrer ses restes.

Rosée sur son front
comme une sueur froide.
Tension nerveuse
du côté de mes tempes.

Mardi 2 juillet

Chaque coup de brosse accentue encore la parfaite rondeur de la voûte crânienne vue de face : difficile de ne pas voir dans cette courbe sans heurts un type mieux réussi, plus harmonieux que le nôtre, avec son net contour pentagonal en "toit de maison" hérité du vieil *Homo erectus*, voire de la crête sagittale d'*Anthropopithecus robustus*.

En milieu de matinée, Osman vient à son tour nous faire ses adieux. C'est la première fois que nous le voyons à cheval – et, pour ce que je sais de son arthrite, je soupçonne qu'il a dû faire le chemin à pied, n'enfourchant sa monture qu'une fois en vue du camp, afin de nous faire la meilleure impression pour cette dernière visite. Et c'est vrai qu'il a fière allure : nous avons tous sursauté à le voir débouler soudain au campement, tel le fantôme d'un guerrier oghuz de la grande époque !

Tandis que, rituellement, nous prenons le thé avec lui, Osman, tel un général à la veille de la bataille, nous fait ses dernières recommandations : ne pas hésiter à recourir au poison pour éliminer les sousliks, ces sales bestioles qui auraient vite fait de transformer le sol sous nos tentes en gruyère ; prendre garde au vent du sud, qui en cette saison peut semer la grêle comme la poussière ; et, par-dessus tout, nous méfier de la rivière, que la moindre averse sur les hautes pentes, tombant sur un sol durci par la sécheresse, suffit à faire gonfler sans crier gare : ici, juste en amont d'un passage à gué, bien malin qui peut dire par où elle choisira de déborder l'obstacle !

Mais il est grand temps qu'Osman rattrape les siens, partis tôt matin avec le troupeau. Sur quoi, se hissant à cheval, il franchit résolument le gué et s'éloigne au petit trot, son fusil brandi à bout de bras en guise de salut – un guerrier en vérité, parti reprendre la tête de sa horde de Seldjoukides !

Oleg, frappé lui aussi par la soudaine apparition d'Osman, me confie que dans sa jeunesse il croyait dur comme fer aux spectres et au pouvoir des esprits courroucés de revenir hanter les vivants, les obsédant jusqu'à la folie, les tourmentant jusqu'à la mort.

Aujourd'hui, bien sûr, il ne croit plus aux fantômes. Et d'ailleurs, précise-t-il paradoxalement, pour qu'une âme en poursuive ainsi une autre, il faut entre elles un lien puissant – et *lui*, notre étrange voisin paléolithique, n'en a bien sûr plus aucun avec les hommes d'aujourd'hui !

L'idée m'en laisse tout songeur : un lien ? Nous autres, par contre, en avons bel et bien un avec lui – un lien assez fort pour nous amener jusqu'ici, de si loin et si longtemps après… Et si nous-mêmes étions les revenants, et *lui* le hanté ?

Mercredi 3 juillet

Ce matin, je m'applique à approcher la tombe non pas en ligne droite, mais d'un ample mouvement circulaire, comme afin d'observer le site sous tous les angles – du moins c'est le prétexte que je me donne, quoiqu'en fait j'ose à peine lever les yeux vers la sépulture...

Ou ne fais-je en somme que réinventer un rite, qu'obéir confusément, cercle après cercle, à d'anciennes marques de respect, que me pénétrer peu à peu d'une "forme" – celle de la tombe précisément, en sa rondeur qui est coupole et sein de femme, dôme du ciel et coquille d'œuf, appel à un envol et promesse d'un recommencement ?

M'approchant enfin, je saisis tout à coup, au même instant où mon regard se pose sur le squelette, ce qui constituait à la fois le centre et le modèle de mes détours : la calotte crânienne elle-même, plus qu'à demi exhumée désormais, et dont l'élongation semble accuser plutôt qu'atténuer l'orbe parfait. N'était notre souci de laisser tout en place jusqu'au dernier moment, je tenterais un moulage de la cavité cervicale – non tant pour mesurer que cherchant à relever, à même l'os, l'empreinte de tout ce qui s'est effacé à l'entour :

ex-voto, choses moulées,
profils et empreintes de mains,
vues et concepts, projets et souvenirs
estampés çà et là sous la voûte, vers l'occiput.

Jeudi 4 juillet

On entreprend de dégager l'arrière de la calotte crânienne, ne laissant sous le chignon occipital, à la hauteur de la fosse supra-iniaque – cette dépression, typique des Néandertaliens, où chaque fois à part moi je crois reconnaître l'ébauche déplacée d'un sourire –, qu'un étroit coussin d'argile pour soutenir le crâne en place. Ce faisant, le fond même de la sépulture vient au jour, reconnaissable à sa coloration rose-rouille.

Traces d'ocre ou de sang
sur les os creux du crâne et de l'âme.

C'est alors, peu après midi, que l'orage qui menaçait depuis hier soir éclate soudain. La dépouille elle-même vite abritée sous une couverture de bâches, nous passons le reste de la journée, giflés par la pluie comme sous un battement d'ailes innombrables, à endiguer tant bien que mal la fosse, à écoper les flaques qui se forment de toutes parts et menacent de se déverser vers le centre, à étayer tant bien que mal le rebord qui s'affaisse.

Vendredi 5 juillet

Tout le soir et cette nuit, lutte acharnée, puis désespérée, contre l'eau qui s'infiltre désormais partout. Le vent est tombé avec le crépuscule, mais il pleut sans discontinuer. Tout à ce travail de sapeurs, nous agitant à la lueur fauve des éclairs ou nous heurtant dans le noir (le générateur électrique est tombé en panne sèche et nul ne songe à l'alimenter), je m'aperçois seulement vers minuit que le niveau de la rivière a brusquement monté et continue de s'élever, léchant la berge et rongeant les premiers gradins de la terrasse tandis que l'eau, butant contre le gué juste en aval, se cherche rageusement un exutoire.

Empoignant tout ce qui nous tombe sous la main – pierres, branchages, piquets, dérisoires chiffons de toile – nous tentons de renforcer le tertre qui s'effrite, mais le courant trop rapide emporte l'une après l'autre nos défenses. Trois longues heures durant, deux désordres s'affrontent : le nôtre, à courir de-ci de-là, armés des matériaux les plus absurdes à jeter en travers de l'inondation qui menace, et celui de la rivière, tourbillonnant comme une bête affolée dans son enclos, lançant de toutes parts ruades et coups de boutoir. Puis soudain tout bascule, d'un coup la crue sape la dernière digue et envahit l'excavation, sans nous laisser même le temps de recueillir en désordre les ossements aussitôt ensevelis sous les parois affaissées de la fosse. Atterrés, nous voyons le flot de la rivière anéantir en une poignée de secondes trois mois de patient labeur et d'efforts quotidiens : déjà il ne reste plus de notre chantier qu'une mare boueuse agitée de lourds remous qui finissent de disloquer, invisibles sur le fond – mais la sensation est en nous –, les éléments du squelette.

La pluie cesse un peu plus tard ; vers l'aurore, le niveau de l'eau se stabilise puis commence aussitôt à baisser – si vite que la rivière, comme satisfaite du ravage, paraît refluer maintenant vers sa source ; quant à la nuée d'orage, les derniers lambeaux achèvent de s'en effilocher. Au lever du soleil, radieux et printanier dans un ciel remis à neuf, la crue s'est retirée, laissant à la place du site un étang opaque où seul un dernier tourbillon désigne encore l'emplacement de la fosse ; déjà, vers les berges, la surface du bourbier commence à sécher au soleil sous nos yeux, tandis que postés autour de la mare miroitante, sentinelles engourdies de froid, de fatigue et de stupeur, nous contemplons chacun le reflet de celui qui nous fait face, comme pour entrevoir à travers lui la forme engloutie de cet autre que nous avons failli rencontrer ici.

Nous tombons, épuisés, çà et là sous les tentes ou parmi les auvents. Nous ne nous réveillons que passé midi – et c'est, encore hagards, pour soudain nous remettre chacun à la tâche, en automates, reclassant les trouvailles du début ou complétant plans et croquis – comme si tout allait reprendre ou seulement commencer, comme si la tombe attendait là, sèche et intacte, que nous venions l'ouvrir !

En fin de journée, autour du thé pris en silence, je recouvre un instant mes esprits, le temps de m'interroger amèrement sur notre bizarre conduite de ces derniers jours – sur cet orage qui s'est préparé toute une nuit et une matinée durant sans que nous y prenions vraiment garde, sur l'absence de toute précaution face à une averse toujours possible, sur notre obstination à maintenir le squelette en place alors même qu'Osman nous avait mis en garde contre le débit capricieux de la rivière. En vain : les yeux baissés sur le sol, nous n'avons rien vu venir d'en haut.

Samedi 6 juillet

Le poids de notre perte et le désarroi de la savoir irrémédiable s'imposent à nous avec une lenteur effrayante. C'est seulement vers midi que je me résous à appeler Termez par radio, demandant qu'on envoie les camions pour nous rapatrier – après quoi, tout comme les autres, moi-même qui à l'instant annonçais au micro la faillite de notre entreprise, je reviens tel un robot à mes fiches, mes diagrammes, mes clichés...

Peu à peu, pourtant, nous commençons à réaliser que c'en est bel et bien fini. Vera, qui ce matin encore semblait sur le point de nous annoncer le programme d'une nouvelle journée de fouilles, a remballé ses carnets et ses plans de secteur. Olegka s'absorbe à creuser un dernier trou à ordures, inhabituellement profond, où enfouir les déchets du campement. Quant à moi, trop bouleversé pour faire dans notre journal de fouilles le compte rendu officiel des deux derniers jours, je finis par passer l'après-midi sur l'autre versant de la crête nord, hors de vue du site, à relire, à la fin du *Doctor Jivago* de Pasternak, les "Vers de Youri Jivago".

Incapable de m'attacher à aucun poème en entier, je tourne les pages de-ci de-là, revenant sans cesse à cette strophe de la Semaine sainte que, sauf les dates liturgiques, je croirais presque avoir écrite moi-même hier soir :

Et l'eau depuis le Jeudi saint
Au samedi de Pâques
Creuse des tourbillons sans fin
Et fore les rivages.

Tour à tour, le cœur rongé de chagrin, je referme le livre puis le rouvre aussitôt pour lire encore le passage fatal – puis soudain, me trompant de page, c'est une autre voix, à la fin d'un autre poème, qui m'adresse cette sentence ambiguë :

Je renaîtrai
Et, comme des radeaux
Au fil de l'eau,
Les siècles nageront
Vers ma clarté...

Dimanche 7 juillet

Apparue depuis hier suite au tassement de la boue qui s'assèche, une légère dépression au fond du site est tout ce qui rappelle l'emplacement et la forme de la fosse funéraire – comme une ébauche plutôt. Les bords de l'excavation elle-même, polies et ravinées par l'averse, évoquent la cicatrice laissée sur un corps vivant par un kyste soigneusement percé, assaini et nettoyé par le chirurgien. Et puis, partout alentour, respirant déjà la santé qui revient, l'explosion de sève et de couleurs fraîches, le frémissement presque d'allégresse dans toute cette végétation naguère parcheminée par la sécheresse, le marmonnement pressé de la rivière, roulant à nouveau les galets qui avant-hier encore affleuraient le long de ses berges à l'étiage...

Tout ceci enregistré du coin de l'œil – car je crois bien qu'aucun de nous trois, de toute la journée, n'a pu se forcer à pousser jusque-là ni même à regarder de ce côté, contents de nous affairer à démonter, trier, replier et emballer ceci et cela en attendant les véhicules envoyés de Termez pour nous récupérer avec notre matériel. Mais au premier vrombissement de moteur des camions, c'est dans la direction opposée, celle du site, que soudain nous tournons tous trois la tête, réalisant soudain que le chemin du départ, pour nous, ne sera pas celui qu'*il* s'est choisi… – comme si, jusqu'au désastre d'avant-hier, nous avions cru frayer par là nous aussi, en creusant, notre issue. Trop tard, hélas, pour y aller voir désormais : les chauffeurs nous pressent de charger et arrimer nos bagages sur les plates-formes puis de nous mettre en route, cahotant sur la steppe, afin de rejoindre avant la nuit un chemin carrossable.

Dernier regard par la lunette arrière du camion qui s'éloigne, pour voir soudain toutes les images de ce matin se recomposer et faire sens : le relief adouci du site et cet aspect de cicatrice en voie de guérison, tandis que tout autour la végétation exulte… La vie ! Depuis quarante-huit mille ans, cette tombe en était demeurée à l'écart, inchangée à quelques mètres du cours changeant de la rivière – jusqu'à notre arrivée. La part que les constructeurs de cette sépulture n'ont voulu laisser mourir, nous avons cru, avec la même naïveté peut-être, devoir l'accueillir au nom du présent et la léguer à l'avenir ; mais, à remettre ainsi le temps en marche, n'était-ce pas précipiter la ruine un moment différée ? “Le passé est derrière, voilà tout…” : malgré eux et à travers nous, en un instant les siècles écoulés ont repris leur dû et ce mort, resté figé dans l'attitude de jadis, a fini de reprendre sa place inévitable de non-vivant dans le cours du vivant – nous renvoyant en même temps à notre propre rôle d'errants ballottés par les cahots du chemin.

Aérogare de Termez,
le 8 juillet

Ma valise n'est plus où je croyais l'avoir posée à l'instant ; lorsque je la retrouve, je n'en reconnais pas le poids. Tout mon bagage, d'ailleurs, me semble curieusement léger et mobile. Vera me dit éprouver par moments une pareille impression – ou alors d'avoir minci elle-même, d'avoir le pas plus élastique, la peau plus fine et plus sensible à la moindre vibration de l'air… Comme dit sentencieusement ma mère chaque fois que je pars en voyage : "Souviens-toi qu'où tu vas, une part de toi ne t'accompagne pas."

Vera s'est procuré un exemplaire des *Izvestia*. Ainsi, alors même que nous creusions aux confins du Paléolithique, l'avenir suivait son cours par-dessus nos têtes – et, avec le camarade Gorbatchev, sous l'impulsion du premier de nos dirigeants depuis bien longtemps qui ne semble pas lui-même la dépouille fossilisée d'un ancêtre préhistorique ! Il y avait bien deux sortes de temps en effet : l'un, vertical, massif et compact comme cette terre où depuis trois mois nous cherchions notre place, un squelette pour guide et pour modèle, déjà presque enfouis à ses côtés, et pourtant pas assez profondément ; et l'autre, horizontal, fluide et changeant à l'instar de cette rivière, qui depuis avant-hier à nouveau nous a saisis et emportés à la dérive, vivants rappelés au monde des vivants. Mais d'où vient alors, me souvenant de la vallée, des fleurs, des demoiselles de Numidie – et même du ciel, de la tempête, de la rivière soudain ressuscitée… –, d'où vient que tout en cette aérogare me frappe par son aspect de mort ? Est-ce bien seulement la lueur glauque des néons ?

Olegka m'apprend que, dans la confusion du départ, il a laissé sur place les plants de la gentiane *memorialis* qu'il cultivait derrière sa tente : il devra, pour l'identification, se contenter des spécimens séchés et décolorés qu'il a recueillis dans son herbier. Les fleurettes au bleu si vivant resteront donc là-bas, auprès de ce qui n'est plus qu'à peine une tombe – tout juste un souvenir : le nôtre, en un sens. Mais n'est-ce pas le bilan de l'ensemble de notre travail, maintenant que la dépouille de "notre" Néandertalien gît – pour ce que la crue en a laissé – sous deux mètres de boue argileuse ? Quelques dizaines de pages d'observations, une liasse d'images, une poignée de menus vestiges – bribes mortes de ce qui fut, allais-je écrire, la présence *vivante* d'un homme…

Nous témoignerons donc :
quelqu'un était là-bas.
Le croisant en chemin
nous avons cru le reconnaître,

nous lui avons fait signe,
il ne nous a pas vus
– ou n'a pas reconnu
nos gestes pour des signes.

Nous avons appelé,
il n'a pas répondu
– ou, entendant son pas,
n'avons-nous su reconnaître une voix ?

Karshi, le 9 juillet

Impressions changeantes : tantôt il nous semble avoir perdu presque l'un des nôtres, noyé là-bas dans la fondrière ; tantôt c'est comme si la dépouille s'était d'elle-même ravisée, lasse déjà de notre étrange compagnie ; puis à l'inverse c'est le vallon, imagine-t-on, et avec lui cette terre tout entière, qui a baissé le rideau sur le spectacle qu'on nous réservait mais que nous n'étions censés qu'entrevoir.

Je ne sais pourquoi, ma pensée revient à Osman et nos voisins nomades, en route à cette heure vers leur campement d'automne : au printemps prochain, eux seront de retour, comme chaque année depuis toujours ; et nous, tout l'objet de notre séjour soudain englouti dans l'épaisseur trouble du flot en crue, nous n'y reviendrons jamais.

Et pourtant ce sentiment, comme un doute obsédant, comme la hantise au moment de sortir d'avoir oublié ses clefs à l'intérieur, que nous avions exhumé là-bas autre chose encore, à notre insu – négligé sur le moment et abandonné parmi les roseaux de la berge, livré aux chiens nomades et aux renards, et qu'il faudrait maintenant, sautant sans crier gare de l'autobus qui nous emmène à l'avion, retourner chercher sur le site, recueillir et précieusement emporter…

N'était-il donc pas prêt encore
à venir avec nous
retrouver la tribu des hommes ?
Ou avait-il perdu jusqu'à ce désir-là,
ne demandant plus désormais
que d'être à chacun l'ancêtre qu'il s'invente
pour mourir et renaître à lui-même ?

POST-SCRIPTUM DE LA RÉDACTION

Ces quelques vers sont probablement les derniers mots écrits par Daniel Andreïevitch Izdolchtchikov, peu avant d'embarquer avec ses deux collègues à bord de l'avion pour Moscou, d'où un autre vol, le lendemain, leur ferait rallier Leningrad.

Que nous puissions les lire aujourd'hui est en soi le fruit d'un double hasard : celui qui inspira à l'auteur lui-même, sur le point d'embarquer, de joindre ses notes personnelles au bagage de l'expédition, acheminé séparément par rail – puis, à Leningrad, celui qui nous fit écarter ce journal des documents scientifiques destinés à l'université, tous détruits comme on sait dans l'incendie de sa bibliothèque.

Ceux-là gagneront à s'en souvenir qui, sur le coup de l'émotion, ont comparé l'issue navrante de cette expédition au sort tragique qui s'acharna, dit-on, contre les découvreurs de certaines prestigieuses sépultures – ou à la fin lamentable des collections de Boucher de Perthes, ce premier monument de notre discipline, perdues dans le bombardement du musée d'Abbeville en 1940. Non, l'archéologie n'est rien de si romanesque – mais il est certaines collisions entre le passé lointain et notre présent qui peuvent sembler marquées par le poids du destin. Que la crue d'un cours d'eau ait repris, à Awçydere, ce que la terre avait livré, que l'air n'ait pu longtemps porter ces trois jeunes gens lourds d'une immense charge d'antiquité, que le feu ait fini de consumer ici ce que des morts avaient glané là-bas auprès d'un autre défunt – tout cela, rétrospectivement, doit nous frapper non pas comme le signe de quelque fantastique "malédiction", mais comme le rappel que ceux qui explorent la profondeur du temps ne le font pas sans risque ni sans douleur, voire sans un certain héroïsme quotidien.

Dans une de ses dernières notes, D. A. Izdolchtchikov citait la fin d'un des poèmes du *Doctor Jivago* de Boris Pasternak. C'est le début d'un autre poème, "Séparation", que nous voudrions inscrire ici comme un ultime hommage à l'élève, au confrère, à l'ami :

Pour lui le moindre de ses traits
Etait ce qu'à la mer
Est le tracé que le ressac
A laissé sur la grève.

Et dans son âme ses contours,
Les traits de son visage,
Sont engloutis tels des roseaux
Submergés par l'orage.

Tel a bien pu sembler, pour les trois jeunes chercheurs, le visage entrevu du défunt dont ils avaient découvert les restes ; tel nous semble aujourd'hui le visage de ses découvreurs euxmêmes. Du premier comme des seconds, pourtant, le lecteur de ces pages sauvées de l'oubli saura que tout, dans la mémoire et dans l'âme humaines, ne s'est pas irrémédiablement englouti. Non moins que cet homme très ancien dont ils avaient entrepris de recueillir l'héritage, nos trois regrettés collègues, à travers nous, le lecteur, sont vivants.

E. V. OSSIPENKO
21 mars 1988

OUVRAGE RÉALISÉ
PAR L'ATELIER GRAPHIQUE ACTES SUD
REPRODUIT ET ACHEVÉ D'IMPRIMER
EN NOVEMBRE 1999
PAR L'IMPRIMERIE FLOCH
A MAYENNE
SUR PAPIER DES
PAPETERIES DE JEAND'HEURS
POUR LE COMPTE DES ÉDITIONS
ACTES SUD
LE MÉJAN
PLACE NINA-BERBEROVA
13200 ARLES